Svegliatevi Figli Miei!

Conversazioni con
Sri Mata Amritanandamayi

Volume 9

Svegliatevi Figli Miei!

Conversazioni con
Sri Mata Amritanandamayi

Volume 9

Swami Amritaswarupananda

Mata Amritanandamayi Center, San Ramon
California, Stati Uniti

Svegliatevi Figli Miei! – Volume 9
di Swami Amritaswarupananda Puri

Pubblicato da:
 Mata Amritanandamayi Center
 P.O. Box 613
 San Ramon, CA 94583
 Stati Uniti

————————— Awaken Children Volume 9 (Italian) ——————

Prima edizione a cura del MA Center: marzo 2017

In Italia:
 www.amma-italia.it
 info@amma-italia.it

In India:
 inform@amritapuri.org
 www.amritapuri.org

Questo libro è un umile omaggio ai

Piedi di loto di Sri Mata Amritanandamayi

Fulgida Luce che dimora

nel cuore di tutti gli esseri

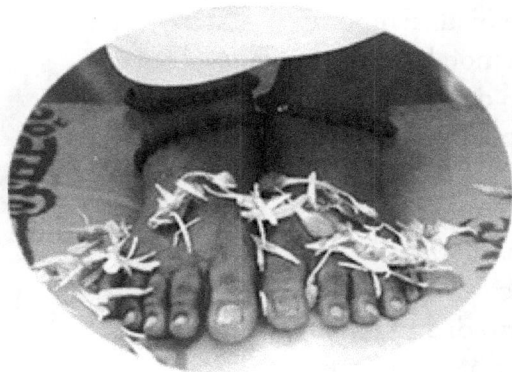

Vandebam-saccidānandam-bhāvatīvam jagatgurum
Nityam-pūrnam-nirākāram-nirgunam-svātmasamsthitam

M'inchino al Maestro dell'universo che è *Sat-Cit-Ananda* (Pura Esistenza-Coscienza-Beatitudine), Colui che trascende ogni differenza ed è eterno, completo, privo di attributi e di forma e che dimora stabilmente nel Sé.

Saptasāgaraparyantam-tīrthasnāphalam-tu-yat
Gurupādapayōvindōh-sahasrāmsena-tatphalam

Qualunque merito acquisito attraverso pellegrinaggi e bagnandosi nelle acque sacre, comprese quelle dei sette mari, non eguaglia nemmeno la millesima parte del merito derivato dal bere l'acqua dell'abluzione dei Piedi del Guru.

Guru Gita 157, 88

Indice

Nota dell'autore

Sebbene il tour mondiale della Madre del 1987 sia durato tre mesi, in questo libro ho scelto di tralasciare molti dettagli e di porre in evidenza i dialoghi della Madre e gli eventi che ho ritenuto di maggiore interesse per il lettore. Una versione più dettagliata del tour di Amma, comprensiva delle esperienze dei devoti e delle mie, verrà pubblicata in seguito.

Introduzione

L'anno 1987 segnò un punto di svolta nella missione della Madre di diffondere il suo messaggio di amore, di compassione e di pace all'umanità. Per lei era arrivato il momento di uscire dall'ashram e di radunare nell'ovile tutti i suoi figli sparsi nel mondo che la stavano aspettando. Alcuni devoti americani della Madre, guidati dal fratello di *brahmachari*[1] Nealu, Earl Rosner, la invitarono negli Stati Uniti. Serbavano questo desiderio nel cuore da molto tempo, e fremettero di gioia quando la Madre finalmente accettò l'invito. Si decise che Amma avrebbe passato alcuni giorni a Singapore, due mesi in America, e un mese in Europa.

Ci si potrebbe chiedere perché la Madre viaggi, quando ha il potere di benedire chiunque in ogni luogo del pianeta, senza recarsi da nessuna parte: lo fa puramente per il bene dell'umanità. Proprio come l'arrivo della primavera porta nuova vita, freschezza e colore al mondo e una pioggia rinfrescante vivifica le piante e gli alberi inariditi dalla siccità, così un vero maestro come la Madre si reca in vari luoghi, portando a tutti gli uomini amore, speranza e rinnovamento.

Tre mesi prima del tour la Madre inviò in America due suoi figli, *brahmachari* Nealu e *brahmachari* Amritatma Chaitanya[2],

---

[1] Il significato dei termini in corsivo è nel glossario che si trova alla fine del libro.

[2] Alcuni anni più tardi, quando ricevettero il *sannyasa*, l'iniziazione monastica, a *brahmachari* Amritatma Chaitanya fu dato il nome di Swami Amritaswarupananda e a *brahmachari* Nealu quello di Swami Paramatmananda. Tutti i nomi dei *brahmachari* e delle *brahmacharini* della Madre che hanno ricevuto il *sannyasa* terminano con il suffisso Puri (per esempio, Swami Amritaswarupananda Puri), che indica a quale dei dieci rami dell'ordine monastico appartengano. Il nome degli altri discepoli che sono divenuti monaci dal 1987 in poi è indicato tra parentesi.

affinché preparassero il terreno per il suo viaggio. Avrebbe dato una mano all'organizzazione anche una signora americana, Gretchen MacGregor.

Dopo essere arrivato negli Stati Uniti, il piccolo gruppo viaggiò per tutto il Paese con un vecchio e sgangherato pulmino Volskwagen, che era chiaramente alla fine dei suoi giorni, prestato da un devoto. Pur desiderando far conoscere la Madre a chi non l'avesse mai incontrata, era per loro difficile stare così a lungo senza di lei. In particolare, *brahmachari* Amritatma soffriva molto per questa separazione.

Da mattina a sera guidavano attraverso il Paese, fermandosi in varie città lungo la strada per tenere *satsang* (conferenze, incontri) e organizzare il tour della Madre. Per settimane il vecchio pulmino divenne la loro casa: vi dormivano, cucinavano e compivano ogni giorno le pratiche spirituali. Fu un'esperienza importante, che insegnò loro che Amma è onnipresente, e questa scoperta li aiutò a ricordarsi costantemente di lei.

Miracolosamente, il vecchio pulmino percorse tutta la strada dalla California al Wisconsin senza causare alcun problema, ma proprio il giorno in cui arrivarono a Madison, che avevano inizialmente programmato come la tappa finale del pulmino, esso si ruppe davanti alla casa in cui avrebbero alloggiato! Cos'altro se non la grazia della Madre aveva condotto fin là i suoi figli?

Mentre viaggiavano per gli Stati Uniti sperimentarono costantemente l'amore e la protezione della Madre, a volte nei modi più straordinari. Sentivano che la sua mano li guidava ad ogni passo; in modo discreto, lei si prendeva cura di tutto. Qualunque cosa servisse loro per il tour, all'ultimo momento appariva, in un modo o nell'altro: volontari disposti a collaborare, assistenza finanziaria e sale idonee in cui la Madre avrebbe potuto dare il darshan.

Mi sembra doveroso sottolineare quanto i *brahmachari* rimanessero stupiti e profondamente toccati dal meraviglioso entusiasmo e dalla gentilezza di alcune persone. Anche se la maggior parte di esse non aveva ancora incontrato la Madre, desiderava ardentemente conoscerla. Fra loro c'erano Steve e Kathy Schmidt, Earl e Judy Rosner, David e Barbara Lawrence, Michael e Mary Price, Steve e Marilyn Fleisher, Dennis e Bhakti Guest, Larry Richmond, Phyllis Castle, George Brunswig, Susan Cappadocia (Rajita) e Ron Gottsegen. La loro generosità contribuì a rendere possibile il tour.

Durante il viaggio, i *brahmachari* incontrarono centinaia di persone. Molte di loro, sentendo parlare della Madre, o vedendo una sua foto, oppure ascoltando la registrazione dei *bhajan* di Amma, furono così profondamente commosse che capirono di appartenerle ancor prima di averla incontrata. Infatti, alcuni ebbero sogni e visioni della Madre prima ancora di averne sentito parlare. La Madre aveva cominciato a chiamare il suo gregge di figli occidentali...

Il 15 maggio 1987 Amma lasciò Vallikkavu. L'intero ashram piombò nella disperazione. La scena rievocava il momento in cui Krishna aveva lasciato Vrindavan cinquemila anni prima. I *brahmachari* e le *brahmacharini* della Madre erano così profondamente attaccati a lei che all'aeroporto, dove erano andati per vederla partire, alcuni di loro si sentirono male appena lei entrò nell'edificio[3]. *Brahmachari* Pai (Swami Amritamayananda), a cui era stato chiesto di restare per prendersi cura dell'ashram, scoppiò in lacrime. Il suo dolore era talmente intenso che svenne.

Proprio prima di entrare nell'edificio, Amma portò le mani giunte alla fronte e s'inchinò davanti ai suoi figli. Mentre tutti le restituivano il saluto, lei disse: "Figli miei, Amma ha bisogno di tutte le vostre preghiere e benedizioni per il successo di questo viaggio. È per il bene di tutte quelle anime che stanno

---

[3] Negli aeroporti del Kerala, solo i passeggeri possono entrare nell'edificio dell'aeroporto.

piangendo e che sono lontane, che Amma intraprende un simile viaggio. Sono suoi figli anche quelli che vivono in altre nazioni. Amma percepisce le loro preghiere e questo loro desiderio. È per alleviare il loro dolore, lenire la loro sofferenza e mostrare loro la luce eterna che lei va all'estero. Come può Amma non rispondere quando i suoi figli la stanno chiamando dal profondo del cuore? Amma tornerà presto da voi. Ma, in verità, lei non sta andando da nessuna parte. Figli, ricordatevi che Amma è sempre con voi. Amatevi l'un l'altro, servite il prossimo in modo disinteressato e non dimenticate mai di svolgere le vostre pratiche spirituali". La Madre chiese le loro preghiere e benedizioni solo perché voleva dare un esempio di umiltà. La *Bhagavad Gita* dice: "Tutto ciò che fanno le grandi anime viene imitato dalla gente comune". Altrimenti, perché la Madre avrebbe chiesto una cosa simile, quando lei stessa ha il potere di benedire tutto il creato?

Appena finì di parlare, la Madre rimase in silenzio per un momento. Con infinita tenerezza, lasciò che il suo sguardo vagasse, fermandosi brevemente su ciascuno dei suoi figli, poi si voltò e si allontanò. Non appena scomparve attraverso le vetrate, tutti gridarono: "Amma! Amma!" Come pazzi, alcuni *brahmachari* e *brahmacharini* si precipitarono verso le porte urlando il suo nome.

Quando più tardi *brahmachari* Amritatma fu informato del fatto, disse: "Questo prova che Krishna e le *gopi* sono realmente esistiti. L'amore delle *gopi* per Krishna non è una favola, ma una storia vera. Amma è il Krishna che ha rubato i nostri cuori e ci ha reso tutti pazzi d'amore per lei".

Il 18 maggio 1987 la Madre arrivò negli Stati Uniti, dove visitò le seguenti località: Bay Area, Santa Rosa, Santa Cruz (18-26 maggio), Carmel (27 maggio), Seattle (28 maggio-1 giugno), Berkeley (2 giugno) Garbeville (3 giugno), Monte Shasta (4-7 giugno), Santa Fe e Taos (8-14 giugno), Boulder (15-18 giugno), Taos (19-21 giugno), Chicago e Madison (22-29 giugno), Charleston

(1 luglio), Pittsburgh (2 luglio), Cambridge e Boston (4-9 luglio), New York e Stamford (10-14 luglio).

Il 15 luglio la Madre arrivò a Parigi e iniziò il tour europeo. In Europa visitò le seguenti località: Dourdan e Parigi in Francia (16-18 luglio), Zurigo (19-21 luglio) e Schweibenalp (21-31 luglio) in Svizzera, Graz e St. Polten in Austria (1-12 agosto).

Con questo libro, il nono volume di *Svegliatevi figli miei!*, continua l'appello della Madre ai suoi figli. E continuerà finché non risponderemo dal profondo del nostro cuore. La risposta deve venire, perché le parole della Madre non sono solo parole, ma l'espressione dell'Amore supremo, il richiamo della Verità assoluta. Quindi, questo appello prima o poi toccherà e sveglierà il bambino innocente e assopito che è in noi. La Madre, il Maestro supremo, ci condurrà allora lentamente verso *moksha* o realizzazione - che è lo scopo ultimo della vita - lo stato in cui si è liberi da ogni schiavitù, dolore e sofferenza, e si sperimenta appieno la gioia e la beatitudine infinita.

Swami Amritaswarupananda
Amritapuri, aprile 1998

L'arrivo di Amma all'aeroporto di San Francisco – 1987

America

San Francisco

La Madre arriva negli Stati Uniti

La Madre stava per arrivare. Un gruppo di una cinquantina di persone era andato a riceverla all'aeroporto internazionale di San Francisco. La maggior parte di loro non l'aveva mai incontrata. Mentre aspettavano, impazienti di vederla per la prima volta, i tabelloni degli arrivi mostrarono che il volo da Singapore era appena atterrato. Erano le 15.40. Tutti gli sguardi erano fissi sulle porte da dove sarebbero usciti i passeggeri. Nella loro euforia, le persone diventarono sempre più irrequiete, cercando di vedere la Madre attraverso le porte che continuavano ad aprirsi e a chiudersi. Finalmente, quando si aprirono, riuscirono a intravederla accanto alla *brahmacharini* Gayatri. "Eccola!", gridarono tutti contemporaneamente. Anche *brahmachari* Amritatma la vide, e gli occhi gli si riempirono di lacrime. Fece del suo meglio per controllarsi, ma più ci provava, più piangeva.

Finalmente, dopo una lunga attesa, la Madre uscì dalla sala arrivi con un radioso sorriso sul viso e con le mani unite in un gesto di saluto. Un devoto le mise una ghirlanda attorno al collo e, mentre Amma si avvicinò, tutti s'inchinarono spontaneamente davanti a lei. Vedendola, molte persone si misero a piangere, mentre un sorriso di gioia illuminava i loro volti. Bastava guardarla per percepire la sua infinita compassione. Passando accanto ad Amritatma, lei gli sorrise e gli rivolse uno sguardo così amorevole e intenso che penetrò nella sua anima, riempiendolo di gioia e di pace.

Amritatma era molto felice di rivedere i suoi fratelli spirituali e li abbracciò con grande calore, scambiando con loro alcune parole affettuose e premurose. Salutò anche le sue sorelle spirituali, Gayatri (Swamini Amritaprana) e Saumya (Swamini Krishnamritaprana). Oltre a Gayatri, a Saumya e ai *brahmachari*, c'erano altri tre devoti che viaggiavano con la Madre: il signor Gangadharan Vaydiar, un medico ayurvedico, sua moglie, e il signor Chandradas, proveniente dal nord del Kerala, che si ritenevano molto fortunati di poter accompagnare la Madre nel suo primo tour mondiale.

Dopo aver incontrato e scambiato qualche parola con tutto il gruppo, Amritatma raggiunse la Madre. Alcuni devoti la stavano accompagnando verso un pulmino parcheggiato fuori dell'uscita, ma prima di arrivare alla porta, lei si voltò improvvisamente, si diresse verso una sedia e si sedette.

Darshan all'aeroporto

Appena si sedette, la Madre guardò tutte le persone che erano venute ad accoglierla e che ora si stavano radunando attorno a lei. Sorridendo con grande affetto, allungò le braccia verso di loro, e disse in inglese: "Venite, figli miei!"

Amritatma pensò: "Oddio, sta per dare il darshan a tutti?" Poi si chinò e bisbigliò alla Madre: "Amma, siamo ancora in aeroporto! Non sarà sufficiente se darai il darshan domani nella casa dove stai andando?"

Vedendo l'espressione preoccupata sul suo volto, la Madre rise in modo rassicurante e disse: "No. Che problema c'è se lo faccio qui ed ora?"

"Ma Amma", insistette lui, "questo è un aeroporto! I funzionari ci stanno guardando. Potrebbero chiedersi che cosa stiamo combinando". Nonostante le sue parole, c'era già qualcuno che si era inginocchiato di fronte alla Madre ed era avvolto dal suo caldo abbraccio materno. Il darshan era iniziato. La Madre è fatta così: come potrebbe, lei che è la Madre di tutti, comportarsi diversamente?

Uno dopo l'altro andarono tutti da lei a ricevere l'abbraccio e poi le si sedettero attorno, a terra, guardando quello straordinario prodigio che era davanti a loro. Apparivano colmi della pace e dell'amore che la Madre emanava in modo tanto evidente.

Vedendo questo insolito evento nel bel mezzo dell'aeroporto, alcuni poliziotti e altre persone vennero ad osservare la scena per alcuni minuti.

Oggigiorno, tali scene avvengono in tutti gli aeroporti delle città in cui Amma dà il darshan. Nel 1987, quando la Madre arrivò per la prima volta in America, c'era solo un piccolo gruppo di persone ad accoglierla. Oggi, invece, mentre scrivo questo libro, ogni qualvolta la Madre arriva o parte, in tutti gli aeroporti del mondo una grande folla si raduna per vederla. Quando Amma viaggia, negli aeroporti accadono molti episodi interessanti. Mentre s'imbarca o scende dall'aereo o mentre aspetta nella sala passeggeri, la Madre riceve i suoi figli a braccia aperte, esprimendo il suo amore abbracciandoli e baciandoli.

A proposito dei suoi abbracci e baci, la Madre dice: "Gli abbracci e i baci di Amma non vanno considerati come gesti normali. Quando Amma abbraccia o bacia qualcuno, sta avvenendo un processo di purificazione e di guarigione interiore. Amma sta trasmettendo una parte della sua pura energia vitale ai suoi figli, così che possano sperimentare l'amore vero e incondizionato. L'abbraccio che Amma dona può favorire il risveglio dell'energia spirituale di quella persona, aiutandola a raggiungere la meta ultima della realizzazione del Sé".

È accaduto molte volte che lei abbia fermato un pilota, una hostess, un assistente di volo o un passeggero che stava passando e abbia espresso il suo amore infinito dandogli un abbraccio e un bacio. Sembra strano ma, quando ciò accade, le persone non protestano mai né hanno una qualche reazione negativa. Al contrario, tutti si aprono spontaneamente all'amore della Madre. Di solito, Amma li afferra e li abbraccia prima che essi si rendano conto di quello che sta per accadere. La ricettività degli estranei che inaspettatamente ricevono il darshan della Madre ricorda una delle frasi di Amma: "Il vero amore non può essere rifiutato, si può solo ricevere a cuore aperto. Quando un bambino sorride, che sia figlio di un tuo amico o di un tuo nemico, non puoi fare a meno di ricambiarlo con un altro sorriso, perché l'amore del bambino è molto puro e innocente. L'amore puro è come un bel fiore dal profumo irresistibile".

Nel luglio del 1995, quando la Madre stava andando in Europa al termine del tour americano, accadde un episodio divertente. Prima di passare al controllo passaporti, si sedette come d'abitudine su una sedia, pronta a ricevere le centinaia di devoti che erano venuti per vederla partire. Era completamente attorniata dai suoi figli, seduti a terra intorno a lei, che cercavano di starle il più vicino possibile. Nel vedere la folla che si stava radunando intorno alla Madre, alcuni passeggeri si alzarono dal proprio posto. Un signore anziano, che era seduto su una sedia ed era assorto nella lettura di un giornale, non si mosse abbastanza velocemente. Prima che si rendesse conto di quello che stava succedendo, la Madre si era seduta accanto a lui, mentre i molti devoti la attorniavano senza lasciare all'uomo il minimo spazio per alzarsi e andarsene.

Il poveretto appariva preoccupato e sconcertato. Cosa poteva fare? Non aveva altra scelta se non restare dov'era e continuare a leggere. Nascose quindi il volto tra le pagine cercando di coprirsi il più possibile con il giornale. Ma per quanto poteva continuare così? La Madre stava ormai dando il darshan a tutti. Con il cuore pesante e gli occhi pieni di lacrime per l'imminente separazione, i devoti cominciarono a cantare il canto *Portami via*.

> *Portami via!*
> *Non mi porterai via?*
> *Lasciami riposare tra le Tue braccia per un po'.*
> *Portami via!*
> *Non mi porterai via?*
> *Lascia che m'immerga nella dolcezza del Tuo sorriso.*
> *Madre, portami via,*
> *portami via.*

A questo punto, quel poveretto diventò ancora più irrequieto. Nonostante le lacrime delle persone, c'erano risate improvvise quando la Madre scherzava con qualcuno o giocava con qualche bambino. L'uomo sedeva come imprigionato ma, per quanto cercasse di estraniarsi, non poteva continuare ad ignorare questa grande celebrazione d'amore che stava accadendo accanto a lui. Ogni tanto la sua curiosità aveva la meglio e osservava discretamente coprendosi con il giornale. L'attrazione irresistibile della Madre aveva cominciato ad operare.

Inizialmente guardò la Madre ogni mezzo minuto circa, ma gradualmente ridusse gli intervalli a pochi secondi. Alla fine, fu così colpito da ciò che vedeva che buttò il giornale di lato e iniziò a fissarla. Poco dopo, tra il divertimento generale, le chiese: "Posso avere anch'io un abbraccio? Sembra così meraviglioso e rilassante!" Prima che lei avesse il tempo di rispondere, si abbandonò sulla spalla di Amma e venne avvolto dal suo affettuoso abbraccio. Tutti risero così tanto che i passeggeri che stavano aspettando lì vicino si voltarono a guardare.

In quel momento i figli della Madre riuscirono per un attimo a dimenticare che stava per partire e che avrebbero dovuto aspettare il suo ritorno un anno intero.

La memorabile prima serata

Dall'aeroporto, la Madre fu condotta presso la casa dei Rosner. Nealu, Amritatma e Gayatri viaggiavano con lei nel pulmino. La Madre li aggiornò brevemente su ciò che era accaduto nell'ashram di Vallikkavu dopo la loro partenza e raccontò di come gli *ashramiti* e i devoti si sentissero terribilmente tristi per la sua partenza e per il lungo periodo di tempo in cui sarebbero stati lontani da lei. La Madre si girò verso Amritatma e gli disse: "Stavi impazzendo per la mancanza di Amma? Figlio, Amma conosce molto bene il tuo cuore! Quando hai lasciato l'India, Amma ha detto a Gayatri quanto ti sarebbe stato difficile essere fisicamente lontano da lei". Amritatma guardò il viso della Madre che mostrava profonda partecipazione e compassione e rispose: "Amma, questa pazzia è stata solo occasionale. Mi sentirò veramente benedetto solo se mi concederai per sempre questa pazzia".

"Figlio, questo è ciò che hai chiesto ad Amma la prima volta che l'hai incontrata". Gli stava infatti ricordando il loro primo incontro, avvenuto nel luglio del 1979, in cui Amma gli aveva detto che lei era soltanto una donna folle. "Amma, voglio anch'io un po' di questa follia" aveva replicato Amritatma.

La Madre poi si girò verso Nealu e disse: "Come vanno le cose, vecchio mio?" A volte Amma chiama le persone responsabili con l'appellativo di "vecchio".

"Va tutto bene, per grazia di Amma" rispose ridendo Nealu. Le fece quindi un breve resoconto delle loro visite nelle varie città e dei programmi che vi avevano tenuto. Impiegarono un'ora per raggiungere la casa di Earl. Al loro arrivo, la Madre fu accolta con un caldo benvenuto. La casa era piena di trepidanti devoti. Mentre scendeva dal pulmino e si dirigeva verso la porta, tutti recitarono il mantra "Om Amriteswaryai Namah". Earl e Judy svolsero la *pada puja*, compiendo l'abluzione dei piedi sacri della Madre, e il loro figlio di tre anni, Gabriel, riuscì a metterle la ghirlanda al collo. Da quando Earl gli aveva dato questo incarico, Gabriel continuava a parlarne con grande emozione. Appena incontrava qualcuno diceva: "Sai cosa farò? Metterò la ghirlanda ad Amma-chi!" Dopo il benvenuto, *brahmachari* Nealu insistette affinché la Madre si riposasse un po' dopo il lungo e faticoso viaggio da Singapore. Ignorando completamente la sua richiesta, la Madre si sedette su una sedia amorevolmente preparata e rivestita di un bel tessuto di seta.

Prima di partire per l'aeroporto, Nealu aveva tolto la sedia dal salotto perché temeva che, vedendola, la Madre si sarebbe immediatamente seduta, chiamando tutti per il darshan. Ma prima dell'arrivo di Amma qualcuno aveva riportato la sedia al suo posto. Nealu ne rimase turbato perché ciò che gli stava più a cuore era la salute di Amma e desiderava ardentemente che lei si riposasse un po'. Ma non fu possibile, perché l'infinita compassione della Madre non smette mai di fluire verso i suoi figli.

Infatti Amma cominciò a chiamare i presenti al darshan. Ad ogni persona che arrivava e s'inginocchiava davanti a lei, gli faceva prima appoggiare la testa sul suo grembo e poi sulla sua spalla, tenendola stretto a sé. Quando le persone si alzavano e tornavano al proprio posto, apparivano calmi e pieni di gioia. Dopo aver ricevuto il darshan, Steve Fleisher si allontanò barcollando, come se fosse ubriaco. Andò da Amritatma e cercò di esprimere quello che sentiva, ma non riuscì a dire niente perché, come si poteva vedere dal suo viso radioso, il suo cuore traboccava di gioia. Amritatma gli suggerì di sedersi e di meditare per un po'. Steve si sedette in un angolo della stanza con un'espressione serena sul viso. Mentre continuava ad abbracciare i suoi figli, la Madre intonò due canti devozionali: *Durge* e *Radhe Govinda Bhajo*.

Durge

Vittoria alla Madre Durga!
O Madre,
oceano di compassione,
Madre Kali,
sei adorna di una ghirlanda di teschi umani[1]
e sostieni il mondo.
Vittoria alla Madre Divina dell'universo!

Radhe Govinda Bhajo

Radha,
la beneamata di Krishna!
Radha, che veneri il Signore delle mucche,
Radha di grande bellezza
che allevi la nostra angoscia,
sei la beneamata di Krishna, il Signore delle mucche.
Radha,
sei la beneamata di Krishna, il Signore delle mucche.

Quando tutti ebbero ricevuto il darshan, la Madre chiese della frutta, la tagliò a pezzettini e con le sue stesse mani ne diede un pezzettino ad ognuno dei presenti *(prasad)*. Infine Amma si sedette sul pavimento a giocare con Gabriel. Dopo un po' chiamò un devoto che era appena arrivato. Mentre lo abbracciava e aveva il capo dell'uomo sulla propria spalla, Gabriel, che stava dietro al devoto, cominciò a tirarlo per la camicia dicendo: "No! Lei è *mia* Madre!" Quando Amritatma tradusse questo alla Madre, lei si girò verso Gabriel e domandò: "Amma è solo tua?"

Gabriel annuì decisamente con la testa e disse: "Sì!" Davanti a questa innocente affermazione tutti scoppiarono a ridere.

---

[1] I teschi della ghirlanda di Kali simboleggiano la morte dell'ego.

Earl e Judy avevano due figli, Arlo e Gabriel. Erano entrambi molto emozionati per l'incontro con la Madre, specialmente Gabriel, il più piccolo. Sebbene avesse solo tre anni, Gabriel sembrava una persona di venticinque anni nel corpo di un bambino di tre. Era molto dolce e intelligente.

Gabriel era nato da Earl e Judy per grazia di Amma. Dopo la nascita del primo figlio, la coppia desiderava intensamente un altro figlio, ma Judy non riusciva più a concepire. Earl aveva scritto al fratello Nealu del loro desiderio di avere un altro bambino e Nealu gli aveva risposto dicendo: "Ho detto ad Amma che vi piacerebbe avere un altro bimbo e la Madre ha risposto che non lo ritiene molto probabile: ciò nonostante, formulerà un *sankalpa* (intenzione) perché voi possiate avere un altro bambino". Poco tempo dopo, Judy rimase incinta di Gabriel.

La Madre andò in cucina, poi chiamò tutti e cominciò a servire personalmente la cena. Erano ormai le 23:30. Chi aveva viaggiato con Amma era esausto, ma persino dopo un viaggio aereo di sedici ore lei era ancora fresca e piena di energia: continuava a trascorrere il suo tempo con tutti, donandosi, offrendo loro tutta se stessa.

Molto preoccupato, Nealu si aggirava inquieto, continuando a borbottare: "Qualcuno potrebbe convincere la Madre ad andare a riposare?" Ma queste parole non producevano nessun effetto.

Un uomo andò da Amritatma e chiese: "La Madre è sempre così o solo in occasioni particolari?"

Amritatma rispose: "Fratello mio, tutta la sua vita è così! Lei non può fare diversamente: notte e giorno, è disponibile per tutti quelli che vanno da lei. La vita di Amma è un'offerta al mondo. Ovunque lei sia, avviene una celebrazione – una celebrazione d'amore puro e innocente". L'uomo si girò verso la Madre che stava ancora servendo il cibo e la guardò con un'espressione di riverenza e di meraviglia. A mezzanotte e mezza la Madre si ritirò finalmente nella sua stanza.

Primo darshan ufficiale in America

Il mattino seguente si alzarono tutti presto. Il darshan della Madre era stato programmato per le nove e trenta. Durante il primo tour mondiale, la maggior parte dei programmi diurni e tutti i *Devi Bhava* si svolgevano a casa di devoti, mentre quasi tutti i programmi serali avevano luogo in varie sale o chiese. I *brahmachari* e alcune altre persone stavano terminando in fretta i preparativi dell'ultimo minuto prima del darshan del mattino. La gente cominciò ad arrivare alle otto e trenta, e intorno alle nove il soggiorno dei Rosner era quasi pieno. La Madre entrò nella sala alle nove e mezza in punto. Al suo arrivo, tutti si alzarono in segno di rispetto. Amma s'inginocchiò, inchinandosi davanti a tutti, toccò con la fronte il pavimento, e poi si sedette su un piccolo tappeto preparato per lei. Quindi chiuse gli occhi e iniziò a meditare, immergendosi nel suo mondo di trascendente solitudine.

Le persone seguirono l'esempio della Madre e iniziarono a meditare. La sua presenza aiutò tutti a entrare in uno stato di spontaneo e profondo raccoglimento. Poco dopo la Madre si alzò, si sedette sulla sedia che era stata preparata e iniziò a dare il darshan.

A quei tempi non occorreva mettersi in fila per riceverlo: le persone si sedevano intorno ad Amma e aspettavano che lei le chiamasse individualmente. La Madre dedicava molto tempo a tutti e faceva tante domande sulla loro vita. Sebbene sapesse già ogni cosa di loro, poneva queste domande per aiutarli ad aprirsi. L'attenzione personale che ognuno riceveva dalla Madre e il suo modo unico di dare ogni abbraccio, senza badare a quanto avrebbe dovuto restare seduta, era un'esperienza completamente nuova per tutti e li riempiva di profonda beatitudine spirituale. È anche importante ricordare che in presenza della Madre avvenivano spontaneamente guarigioni fisiche ed emotive.

A quell'epoca, quando qualcuno faceva una domanda, la Madre chiedeva ad Amritatma di tradurla a voce alta se non era troppo personale, così che tutti potessero ascoltarla, e poi lei rispondeva in modo tale che tutti ne potessero trarre vantaggio.

Durante il darshan, la Madre cantò anche parecchi *bhajan*. Di tanto in tanto, nel bel mezzo di un canto, entrava in *samadhi*. A quel punto, subentrava *brahmachari* Amritatma che continuava il canto. Le persone erano così commosse dalla presenza della Madre che alcune di loro si misero a cantare e a ballare di gioia. Per tutto il tempo la gente cantò canti spirituali in inglese, malayalam e sanscrito, creando una interessante commistione tra Oriente e Occidente. Un uomo di nome David suonò l'arpa e cantò inni tradizionali inglesi in forma di preghiera, pieni di significato.

Ascolta, ascolta, ascolta
il canto del mio cuore.
Non Ti abbandonerò mai.
Non Ti dimenticherò mai.

Molti piansero quando vennero avvolti dalle braccia di Amma. Raggiante d'amore, l'espressione della Madre oscillava spesso tra la gioia, l'empatia e la profonda preoccupazione, mentre asciugava le lacrime di coloro che piangevano, consolava, consigliava e guariva le profonde ferite interiori del passato.
Una donna di Taos innalzò questo canto:

Che meraviglioso amore è questo
per la mia anima, per la mia anima?
Che meraviglioso amore è questo
per la mia anima?

Che meraviglioso amore è questo
per indurre la Madre della beatitudine
a nascere su questa terra
per la mia anima, per la mia anima,
a nascere su questa terra per la mia anima?

M'inchinerò davanti ai Tuoi piedi.
Davanti ai Tuoi piedi m'inchinerò.
M'inchinerò davanti ai Tuoi piedi, ai Tuoi piedi.
M'inchinerò davanti ai Tuoi piedi.
Hai reso il mio amore completo,
hai reso la mia vita completa
con il Tuo amore,
con il Tuo amore.
Hai reso la mia vita completa con il Tuo amore.

Alla Tua amata forma canterò.
Canterò,
alla Tua amata forma canterò.
Alla Tua amata forma, Amritanandamayi,
a Mata Amritanandamayi canterò,
canterò.
Ad Amritanandamayi canterò.

E quando sarò libera dalla morte
continuerò a cantare, continuerò a cantare.
E quando sarò libera dalla morte
continuerò a cantare.
E quando sarò libera dalla morte
canterò e sarò piena di gioia.
Per l'eternità canterò.
Canterò.
A Mata Amritanandamayi canterò.

Qualcuno fece questa domanda: "Amma, come ci si sente ad essere in Occidente invece che in India? C'è una grossa differenza, vero?" La Madre sorrise e rispose: "La barriera creata dal corpo e dalla mente è la causa di tutte le diversità. Quando trascendi quella barriera, tutte le differenze scompaiono. Per Amma non c'è differenza, tutti gli esseri sono suoi figli, e tutti e tre i mondi sono la sua dimora. Questa è l'esperienza di Amma. Che sia qui o in India, Amma semplicemente è. In quanto tale, vede ciascuno come il suo stesso Sé. Quando sei un tutt'uno con la Coscienza suprema, come può esserci un senso di differenza? Per Amma non esistono l'Oriente e l'Occidente, non ci sono il "qui e il là": ovunque lei vada, è simultaneamente qui e là. Sebbene un fiore sia formato da molti petali, è un unico fiore. Il corpo umano è costituito da varie parti, rimanendo tuttavia un unico organismo. Allo stesso modo, il mondo è composto da molteplici ed eterogenee nazioni, culture, lingue, razze e genti; ma per Amma c'è soltanto il Tutto – c'è solo l'Uno.

"Finché vi identificherete con il corpo, esisterà la separazione. La consapevolezza del corpo vi rende consapevoli dello spazio e del tempo, e con il tempo e lo spazio sorgono le differenze, come quelle di religione, casta, razza e nazionalità. Questa divisione rende ogni cosa diversa e separata da voi. Ci si è scordati dell'unica Coscienza, che tiene assieme ogni cosa nel creato, ed è questa dimenticanza che ci fa sentire estranei l'un l'altro. Una persona comune scorge soltanto le differenze, mentre per l'anima che ha realizzato il Sé e ha trasceso il corpo non esistono differenze: tutto fa parte dell'unica Coscienza universale. Una tale anima percepisce con chiarezza che ogni cosa è interconnessa, che non ci sono entità separate e che ogni tassello è parte del Tutto. In quello stato vede se stessa dappertutto e in ogni cosa: qui e lì, sopra e sotto, in tutte le direzioni, nel brutto e nel bello. Ovunque si rechi, vi trova il proprio Sé. Sempre presente e mai assente, sempre cosciente e mai inconsapevole, questa anima agisce spontaneamente dalle profondità del suo essere. Nessuno le è estraneo perché è la Coscienza che tutto pervade. In quello stato, non c'è un momento in cui non sia perfettamente consapevole".

Amritatma, che era seduto vicino alla Madre per tradurre queste parole, ricordò ciò che era successo un giorno del 1982, mentre stava preparandosi agli esami finali per conseguire il *Master* in filosofia. Era seduto in una stanza con il suo professore, che aveva acconsentito ad andare nell'ashram a insegnargli, e stavano discutendo su un aforisma degli *Yoga Sutra* di Patanjali. Il professore non credeva nella Madre e disse ad Amritatma: "Ascolta! Non credo assolutamente che la tua Amma abbia raggiunto quello stato. Ammetto che attraverso le austerità (*tapas*) si possa raggiungere uno stato di perfetta conoscenza, ma non sono per niente convinto che la tua Amma sia onnisciente".

Benché ferito da questa affermazione, Amritatma accolse queste parole come una prova di fede e d'impulso disse al professore: "D'accordo. Se questo è ciò che lei pensa della Madre, le dimostrerò che è onnisciente. Le mostrerò come Amma risponde alle mie preghiere. Mi conceda qualche istante e poi guardi cosa succede". Amritatma si volse verso il piccolo altare della stanza sul quale c'era una piccola foto della Madre. Chiuse gli occhi e pregò con grande fervore: "Amma, mio Dio e mio Guru, Ti prego, non pensare che io sia arrogante o lo faccia per me stesso. Io non ho dubbi a riguardo, ma fai in modo che il professore capisca che Tu sai ogni cosa. Questo sarebbe una benedizione per lui. Tuttavia Amma, Tu sai cosa è meglio. Sia fatta la Tua volontà". Infine Amritatma si prostrò davanti alla foto. Appena ebbe offerto questa preghiera ai piedi della Madre, si sorprese a piangere per l'emozione. Sentì immediatamente qualcuno dire: "Amma ti sta chiamando!" Sollevandosi sulle ginocchia guardò verso la porta. Sulla soglia, un *brahmachari* stava ripetendo: "Amma ti sta chiamando!"

La felicità di Amritatma non aveva limiti. Pieno di gratitudine s'inchinò di nuovo di fronte alla foto della Madre e mormorò: "Amma, hai risposto così in fretta alla preghiera di questo figlio?" Con le lacrime agli occhi guardò il professore e domandò: "Professore, cosa pensa di questo?" L'uomo non rispose e Amritatma, scusandosi, uscì rapidamente dalla stanza.

La capanna del darshan distava circa cinquanta metri. Raggiuntala, dalla porta aperta Amritatma vide che la stanza era gremita di persone giunte per ricevere il darshan. La Madre guardò verso la porta e nel vedere Amritatma fece un sorriso. "Figlio, hai chiamato Amma?" Al suono di queste dolci parole che toccavano il cuore, il cuore di Amritatma fu inondato di inesprimibile gioia. Rimase fermo sulla porta, versando lacrime di beatitudine.

Il giovane era così commosso da non riuscire a parlare. Naturalmente la Madre sapeva tutto quello che era accaduto e quindi non occorreva spiegarle nulla. Si sedette e cominciò a piangere singhiozzando come un bambino, mentre si copriva il volto con le mani. Quando un poco più tardi Amritatma ritornò dal professore, gli raccontò cos'era accaduto nella capanna. Profondamente dispiaciuto, l'insegnante esclamò: "Chi sono io per giudicare Amma? Lascia però che ti dica che ammetto, che concordo con te sull'onniscienza di Amma". Dopo questo fatto, il professore diventò suo devoto.

Abbiamo riportato questo episodio per illustrare che la Madre è presente ovunque e in ogni istante, poiché è tutt'uno con la Coscienza Suprema. Non c'è un momento né un luogo in cui non ci sia.

Amritatma si ricordò anche l'esperienza della *brahmacharini* Lakshmi con la Madre, prima ancora che divenisse la sua assistente personale. Lakshmi stava lavorando in un angolo dell'ashram ed era molto accaldata e assetata. Avrebbe tanto desiderato dell'acqua fredda, ma sapeva che non era possibile averla perché l'unico frigorifero dell'ashram era nella stanza di Amma. Alcuni minuti più tardi una ragazza le si avvicinò e le porse un bicchiere d'acqua ghiacciata e disse: "Me l'ha dato la Madre. Mi ha detto di portartelo".

Sbalordita, Lakshmi le chiese di spiegarsi meglio. La giovane rispose che, come accadeva spesso, qualcuno aveva offerto da bere ad Amma durante il darshan. Invece di accettare l'acqua, la Madre aveva detto immediatamente: "Dalla a Lakshmi: ha molta sete e vorrebbe tanto bere dell'acqua fredda", e così la ragazza era andata da lei con quel bicchiere.

Ci sono innumerevoli esempi simili che attestano l'onniscienza della Madre e ci aiutano a capire con chiarezza che Amma non è limitata dal corpo o dalla mente e che il suo cuore compassionevole e le sue mani premurose sono sempre pronte ad aiutare i suoi figli, ovunque essi siano.

Una celebrazione piena di gioia

John e Linda, una coppia seduta vicino ad Amma, dissero ad Amritatma: "È impareggiabile il modo in cui la Madre accoglie le persone. Finora non era mai accaduto! Il livello di intimità e il purissimo amore materno che ci dona sono proprio ciò di cui abbiamo bisogno. Il mondo occidentale non ha mai sperimentato nulla di simile".

"Nemmeno l'Oriente", replicò Amritatma.

John continuò: "Guardi queste persone! Sono in un altro mondo. È una guarigione divina. Aver incontrato la Madre per la prima volta, il suo tocco e come lei ci ha guardato, ha avuto su di noi un impatto enorme. La Madre ha tolto così tanta sofferenza..."

Mentre parlava, gli occhi di John si riempirono di lacrime. Sua moglie Linda soffriva di gravi problemi respiratori e la sua salute non le avrebbe permesso di viaggiare e neppure di stare seduta; ciò nonostante, venne a tutti i programmi diurni e serali per godere della pace straordinaria che provava alla presenza della Madre.

Mentre stavano parlando, un anziano afro-americano, che era venuto con la giovane moglie e un bambino di tre anni, si alzò improvvisamente e iniziò spontaneamente a danzare e a cantare: "Abbiamo visto Cristo! Nella Madre, nel suo amore divino e nella sua compassione abbiamo visto Cristo, il Signore! Nella Madre e nel suo spirito di sacrificio abbiamo visto Gesù Cristo, il Redentore!" Sembrava pieno di ebbrezza divina, e la sua gioia era così contagiosa che gli altri devoti si unirono al suo canto battendo le mani. Felice, il suo bambino danzava accanto a lui. Nel giro di pochi minuti, tutti i devoti si misero a danzare e a cantare nel salotto dei Rosner, ripetendo il ritornello. Il motivo: "Nella Madre abbiamo visto Cristo, nostro Signore", risuonava nella stanza. Il canto e la danza continuarono per un po' di tempo finché, alla fine, uno per volta si sedettero. L'atmosfera divenne calma e serena. Appena si sedettero, entrarono spontaneamente in uno stato meditativo.

La divina presenza della Madre, che un momento prima li aveva ispirati a cantare e danzare per la gioia, ora li induceva a immergersi in una profonda meditazione. Molti dei presenti avevano il volto rigato di lacrime di beatitudine.

Durante il primo e il secondo tour mondiali, le persone avevano l'opportunità di trascorrere molto tempo con la Madre. A volte era possibile restare dieci minuti tra le braccia di Amma, specialmente quando lei cominciava improvvisamente a cantare un *bhajan*. La Madre scivolava allora in uno stato di rapimento, e chi stava ricevendo il darshan in quel momento poteva rimanere nel suo grembo fino al termine del canto. Quando Amma cantava in quello stato, ondeggiava da un lato all'altro, come se il suo grembo fosse una culla e il canto una ninna nanna sacra che cantava al bambino nel suo grembo. Ciò accadde soltanto durante il primo e il secondo tour mondiali. Quando il numero delle persone aumentò, Amma smise di cantare in questo modo mentre dava il darshan.

Poiché il tempo dedicato a ciascuno era molto lungo, il darshan durava spesso sei o sette ore senza che Amma si alzasse dalla sedia; iniziava alle nove e trenta del mattino e terminava nel tardo pomeriggio.

Il programma serale cominciava alle sette, poche ore dopo il darshan diurno, e si protraeva fino alla prime ore del mattino successivo; di conseguenza, la Madre aveva pochissimo tempo per riposare. Semplicemente, lei ignorava il proprio corpo e i suoi bisogni per aiutare gli altri. Un devoto disse: "La Madre mi ricorda Gesù crocefisso, che sacrificò la sua vita per il mondo intero".

Jnana yoga e karma yoga

Durante un darshan, un devoto fece la seguente domanda: "Amma, perché gli *jnani*, coloro che seguono lo *jnana yoga* (sentiero della conoscenza), di solito tessono le lodi del sentiero della conoscenza e condannano il *karma yoga* (il sentiero dell'azione)? Persino il Signore Krishna nella *Bhagavad Gita* critica la parte dei *Veda* che tratta del karma yoga e afferma che lo *jnana yoga* è il più elevato. Nella *Bhagavad Gita*, il Signore dice:

Di molti tipi sono i sacrifici prescritti dai Veda. Sappi che scaturiscono tutti dall'azione: sapendo questo sarai libero – non c'è niente che purifichi come la conoscenza.

(Cap IV, vv. 32 e 38)

"Amma, questo significa allora che persino il Signore Krishna, che era uno *jnani* perfetto, raccomandava il sentiero della conoscenza rispetto a quello dell'azione?"

La Madre rispose: "Figlio, Amma non crede che, come stai suggerendo, gli *jnani* abbiano affermato che esistano differenze tra il sentiero dell'azione e il sentiero della conoscenza. Perché mai il Signore Krishna, che diede il perfetto esempio di come vivere e agire nel mondo nonostante fosse *purnam* (completo) e uno *jnani* perfetto, avrebbe condannato il sentiero dell'azione? Non c'è nulla di errato nelle parole degli *jnani*, sono le interpretazioni che la gente ha dato a queste parole ad essere errate.

"Possiamo dividere la vita in due momenti: quello in cui si compiono azioni e quello in cui si gode del frutto che generano. Durante lo stato di veglia, il corpo e la mente sono attivi. Nello stato di sogno il corpo è inattivo, mentre la mente è attiva. Ecco perché sogniamo. Le impressioni che sono state create nel subconscio, che custodisce ciò che è incompiuto di noi, vengono proiettate come sogni. Inoltre, anche se rimaniamo esteriormente inattivi, il sangue continua a circolare e il cuore a battere e anche queste sono azioni. In altre parole, finché abbiamo un corpo, una mente e un intelletto, non possiamo astenerci da una qualche forma di azione.

"Sebbene l'azione crei spesso vincoli prodotti dal nostro attaccamento ai loro frutti, può anche essere il primo passo verso la libertà dall'agire.

Rituali vedici

"Nei *Veda* sono prescritti molti rituali. Le persone hanno la tendenza ad attaccarsi eccessivamente ad essi invece di coglierne il significato intrinseco e riuscire poi a trascenderli. I rituali vedici e i mantra che ne fanno parte purificano l'atmosfera e giovano all'umanità. Sono certamente proficui, ma il loro frutto non è eguagliabile a quello incommensurabile che riceviamo da una persona realizzata. Nonostante rivestano grande importanza e valore, il ricercatore spirituale dovrebbe sforzarsi di andare oltre i rituali e fare l'esperienza interiore della Verità suprema. Questo è il vero scopo della religione: comprendere che non c'è nessun dio né dea al di fuori del nostro più intimo Sé. L'esperienza suprema di unione con la Verità è la base su cui poggiano tutti gli insegnamenti religiosi. Che senso avrebbe praticare la spiritualità o i rituali vedici se non ci portassero verso quell'unione? È sufficiente la presenza, il respiro, il tocco, lo sguardo o la parola di un'anima che ha realizzato il Sé per purificare ed elevare coloro che vengono in contatto con lei. Persino la sua saliva e il vento che ne accarezza il corpo hanno questo potere.

"Non è bene dare troppa importanza ed essere eccessivamente attaccati a queste cerimonie, dimenticando che il loro fine è guidare l'aspirante a realizzare interiormente la Verità. Questo è probabilmente il significato dell'affermazione di Sri Krishna. Amma non sostiene di conoscere perfettamente la *Bhagavad Gita*, ma crede che questa sia la ragione della critica che il Signore Krishna mosse verso la sezione dei *Veda* dedicata ai *Karma Kanda*. A quel tempo, probabilmente la gente era troppo attaccata agli aspetti ritualistici dei *Veda* (*Karma Kanda*, N.d.T.), trascurando la parte che trattava della Conoscenza (*jnana*).

"Se Krishna fosse nato ai giorni nostri, avrebbe senza dubbio criticato i cosiddetti *jnani*, che si limitano a parlare del *Vedanta* senza mettere in pratica o fare l'esperienza dei suoi princìpi, e avrebbe elogiato i rituali vedici. Perché? Perché oggi abbiamo dimenticato questi rituali, che potrebbero essere di grande beneficio per il mondo.

"Non solo i rituali vedici, ma ogni *karma* (azione) che compiamo purifica in qualche modo la mente, a condizione che abbiamo il giusto atteggiamento interiore. Quando la mente e i sensi sono stati purificati, cominceremo spontaneamente ad astenerci dall'agire e ci volgeremo all'interno, alla ricerca della Verità. Raggiunta tale purezza, intensificheremo la ricerca volta a conoscere la verità dell'esistenza e ci raccoglieremo automaticamente all'interno. Questo anelito ci spingerà infine a realizzare la Verità suprema. Nello stato di unità non ci sono *Veda* e neppure dèi o dee: esiste esclusivamente il nostro Sé. Si sperimenta tutto come il solo e unico Sé.

"Le Scritture affermano che per colui che ha raggiunto la Conoscenza suprema – lo stato di *Jivanmukti*, in cui si realizza che ogni cosa è l'Atman – i *Veda* cessano di essere i *Veda* e gli dèi cessano di essere dèi.

"L'unione con la Verità interiore è l'obiettivo di tutte le religioni. Perché esisterebbero le religioni se non fosse possibile raggiungerlo? Chiunque, che appartenga a un paese o a un altro, che sia ricco o povero, analfabeta o colto, ha l'impressione che Dio sia diverso e separato da lui. A cosa servono le religioni e i princìpi spirituali se i cosiddetti insegnanti e praticanti restano nell'ignoranza e non conoscono la Verità? Non è sbagliato muovere loro critiche finché continuano a ignorare la realtà interiore. Questo deve essere stato il motivo per cui Krishna affermò nella *Gita* di essere venuto nel mondo al fine di risvegliare la gente alla vera Conoscenza.

"Oggi la situazione è differente: ci sono persone che si vantano di essere diventati degli *jnani* senza sapere cosa sia lo *jnana* né avere mai sperimentato con la propria vita i suoi principi. Costoro pensano che chi possiede la Conoscenza (*jnani*, N.d.T.) debba essere molto cerebrale, avere un intelletto pieno di nozioni, e non si rendono conto che, al contrario, una tale persona sta soltanto portandosi appresso un pesante fardello senza alcun risultato.

"*Karma* (azione) e *jnana* (Conoscenza) sono interdipendenti: non si può ritenere di essere uno *jnani* senza prima aver acquisito la necessaria purificazione mentale, frutto delle azioni prescritte nelle Scritture (*Veda*). Non è possibile con un salto balzare allo stato di *jnana*, a cui si giunge attraverso un'evoluzione lenta e continua, paragonabile al processo di crescita di un bambino. Non possiamo aspettarci che un bimbo cresca in un paio di giorni; il suo sviluppo passerà attraverso fasi progressive e tutto questo non accade istantaneamente.

L'impazienza distrugge

"Anche la crescita spirituale è un progresso evolutivo, non rivoluzionario. Nella loro impazienza, le persone tendono ad essere rivoluzionarie, ma la rivoluzione è sempre distruttiva. Purtroppo, ai giorni nostri la gente si aspetta che il progresso spirituale avvenga il più in fretta possibile e chiede un'illuminazione istantanea. Immaginate una madre che dica al suo bambino: "Voglio che tu cresca immediatamente! Perché sei ancora piccolo? Su, sbrigati, non ho tempo di aspettare!" Come definireste una tale madre, se non che è molto sciocca oppure completamente pazza? Le persone si aspettano un miracolo e non hanno la pazienza di attendere o di compiere degli sforzi; non capiscono che il vero miracolo è l'aprire il proprio cuore alla Verità suprema e che questo sbocciare interiore è sempre lento e progressivo. Ogni cosa in natura segue la legge dell'evoluzione. Dio è molto premuroso ed estremamente paziente, anche verso un fiore che si sta schiudendo, e anche il suo sbocciare è un miracolo. Sono necessari nove mesi prima che un bambino sia pronto per nascere, e anche la sua nascita è un miracolo. Dio non ha mai fretta, segue l'evoluzione. La vera crescita è possibile solo attraverso un percorso evolutivo.

"Con questo, Amma non intende dire che la realizzazione suprema non possa accadere in un istante: può avvenire in ogni momento attraverso la grazia del Maestro. Ma siete pronti perché accada? Ci sono persone che dicono: "Perché dovrei prepararmi quando io sono già Quello?" Certamente voi siete già Quello, ma cosa dire del fardello di negatività che state ancora portando? E dell'ego? Fino a quando ci sono lacci che ci rendono schiavi, dobbiamo impegnarci a rimuoverli. Considerarsi il corpo e la mente è una forma di schiavitù e lo è anche il nostro identificarci con la collera, l'odio, la lussuria e la gelosia. Quando si è influenzati da tali emozioni non è possibile realizzare la Verità che esiste dentro di noi ed è la nostra vera natura. Ecco perché si sottolinea l'importanza di svolgere la *sadhana* (pratiche spirituali).

"Le persone hanno infiniti desideri e richieste che vorrebbero soddisfare il più presto possibile; vogliono i risultati, ma non hanno la pazienza di impegnarsi per ottenerli. Per diventare un grande artista o uno scienziato, o per accumulare grandi ricchezze, la gente è disposta a intraprendere lunghi studi o a compiere molti sforzi. Quando però si tratta della realizzazione di Dio, la vuole conseguire immediatamente. Tuttavia l'impazienza produce soltanto risultati negativi.

"La storia dei Pandava e dei Kaurava è ben nota. I Pandava nacquero grazie al potere contenuto in particolari formule sacre (*mantra shakti*). Alla nascita di Yudhisthira, il maggiore dei cinque fratelli Pandava concepito dopo che sua madre aveva evocato la divinità del mantra, Gandhari (regina dei Kaurava, N.d.T.), che a quel tempo era incinta, fu presa dall'impazienza e cominciò a battere il ventre così duramente che abortì e diede alla luce una piccola massa di carne. Mosso a pietà, un grande saggio accorse in suo aiuto e divise questa massa di carne in cento pezzettini che mise in cento vasi sigillati. Colmando con la propria energia vitale questi vasi, ordinò a Gandhari di non aprirli prima di un certo periodo. Ma di nuovo Gandhari fu così impaziente che non seppe attendere e lì aprì prima del tempo. Come risultato, i figli che nacquero non avevano completato il loro sviluppo ed erano di indole malvagia. Essi furono il motivo della distruzione di tutta la dinastia Kaurava.

"Spinta dall'impazienza, Gandhari non seppe aspettare che il potere racchiuso nel *sankalpa* (intenzione creativa, N.d.T.) del saggio producesse effetto. Se si fosse comportata diversamente, i suoi figli sarebbero stati brillanti e virtuosi come i Pandava. Fu questa fretta a distruggere la potenziale bontà e bellezza dei Kaurava, anch'essi parte del creato. Il risultato dell'agire precipitoso di Gandhari fu la nascita del malvagio principe Duryodhana, suo primogenito. Questa impazienza provocò infine un'enorme strage".

La Madre smise di parlare e iniziò a cantare il bhajan *Oru Nimisha Menkilum*.

Oru Nimisha Menkilum

Uomo,
nel cercare la felicità in questo mondo
hai trovato anche solo per un secondo
la pace della mente?
Senza comprendere la Verità
stai inseguendo l'ombra di maya.
Andrai incontro allo stesso destino
della falena,
ingannata dalla vista del fuoco fiammeggiante.

Dopo esserti evoluto gradualmente attraverso diverse incarnazioni
come insetto, uccello e altri animali,
sei diventato infine un essere umano.

Quale altro scopo ha la vita umana
se non la realizzazione del Sé?

Abbandona l'orgoglio e la cupidigia.
Rifiuta una vita di illusione
e celebra la tua esistenza umana
inneggiando alla gloria del supremo Brahman.
La realizzazione di Dio è un tuo diritto,
non sprecare questa vita preziosa.

Quando finì il canto, un devoto chiese ad Amma di parlare ancora della storia di Gandhari. La Madre rispose: "La razza umana sta andando verso la propria distruzione. Gli esseri umani non hanno la pazienza di lasciare che i *sankalpa* di Dio operino nella loro vita o nella società nel suo insieme, sono accecati dalla fretta e dalle richieste di gratificazioni immediate. L'ego desidera continuamente raccogliere sfide e soddisfare i propri desideri nel più breve tempo possibile. In questa fretta, le persone perdono la pazienza e il discernimento e, in tal modo, la loro visione delle cose viene offuscata. Se non si pone rimedio, andremo incontro alla rovina. Quando infine tutti saranno completamente accecati, si scontreranno l'un l'altro. Le persone lotteranno contro altre persone, le comunità contro altre comunità e le nazioni contro altre nazioni. L'impazienza causa disarmonia e imperfezione. I mali che affliggono il mondo d'oggi, sorti dalla nostra impazienza, ci stanno avviando verso un'enorme distruzione. Solo se ci sveglieremo potremo evitarla. Questa è la morale della storia.

"Il *sankalpa* di Dio è dietro ogni cosa nel creato. Il Divino è sempre presente, ma l'impazienza chiude le porte e impedisce al Suo *sankalpa* di operare nella nostra vita. Figlio dell'impazienza, Duryodhana sbarrò tutte le porte del suo cuore, precludendo così alla grazia e alla luce del Signore Krishna di entrare nella sua vita. Sebbene a corte fosse circondato da molti saggi, nessuno di loro riuscì ad aprirgli gli occhi. La malvagità e l'irruenza di Duryodhana lo portarono a saltare alle conclusioni, seminando malcontento in quelli che lo circondavano.

"Solo uno sviluppo profondo, graduale e continuo può produrre un effetto reale. "Evoluzione" è il motto di Dio. Crescere fino a giungere allo stato in cui si è consapevoli della presenza di Dio è quasi sempre un processo evolutivo. Per accedere al regno delle Verità suprema sono necessarie la purezza e la maturità mentale, frutto dei rituali. Una volta che abbiamo questi prerequisiti, possiamo tuffarci nell'oceano di *Sat-Cit-Ananda* (Esistenza-Coscienza-Beatitudine), in cui non occorre più compiere azioni o rituali. Quando siamo impegnati in un'azione o eseguiamo un rito, dobbiamo tenere presente che l'obiettivo finale è acquisire la conoscenza del Sé. Al tempo di Krishna, le persone avevano perso di vista lo scopo di questi atti di culto; attaccati a tali osservanze, non si curavano di trascendere l'aspetto liturgico della religione, dimentichi che i rituali sono strumenti per condurli alla meta suprema. Ecco perché Krishna afferma che non bisogna avere attaccamento per tali cerimonie. Figli, non pensate quindi che Krishna fosse contrario ai rituali vedici di per sé. Leggendo attentamente la *Bhagavad Gita*, capirete cosa voleva realmente dire Krishna.

"Se osservate un albero, noterete che il frutto appare solo dopo che sono sbocciati e caduti i fiori. Sul sentiero spirituale, il frutto supremo è la conoscenza del Sé. Per arrivare a quel frutto, devono prima sbocciare e cadere i fiori del karma".

In sottofondo, le dita di Davide, il musicista, danzavano con grazia sulle corde della sua arpa mentre lui cantava dolcemente:

Soham, soham.
Tu e io siamo uno;
Amma, Amma, soham.
Tu e io siamo uno;

Shiva, Shiva, soham.
Tu e io siamo uno;
Krishna, Krishna, soham.
Tu e io siamo uno;
Gesù, Gesù, soham.
Tu e io siamo uno…

Il tocco divino

Il programma serale si tenne nella sala in cui i quaccheri (Quaker Friends) tenevano le loro riunioni. Quando la Madre arrivò, una grande folla l'attendeva. È incredibile vedere come lei sappia comunicare con le persone, persino senza rivolgersi a loro direttamente.

All'ingresso, Amma fu accolta nel modo tradizionale: venne compiuta l'abluzione dei suoi sacri piedi, le misero una ghirlanda al collo e fu fatta ondeggiare davanti a lei una fiamma di canfora.

Mentre attraversava la sala, la Madre toccò numerose persone a cui passava accanto. Strofinò il petto a qualcuno, scompigliò affettuosamente i capelli di un altro, lanciò uno sguardo amorevole o diede un buffetto sulle guance o sorrise ad altri ancora. Tutti questi piccoli gesti ebbero un grande impatto su chi li ricevette: dopo il tocco, lo sguardo o il sorriso della Madre, alcuni si misero a ridere di gioia, mentre altri piansero commossi. Lo sguardo della Madre irradiava amore e il suo semplice tocco ricolmava di gioia e pace mentale quelli che lo ricevevano. Tra loro, alcuni andarono a sedersi in un angolo e s'immersero in meditazione. Grazie a quel momentaneo contatto con Amma, alcuni volti che inizialmente mostravano preoccupazione per lo stress e le sofferenze della vita, mutarono radicalmente espressione.

Il programma iniziò alle sette della sera e l'ultimo *bhajan* fu *Omkara Divya Porule.*

Omkara Divya Porule

Presto venite, miei cari figli,
essenza divina dell'Om.
Ponete fine alle vostre pene,
elevatevi per diventare degni d'adorazione
e potervi così fondere nella sillaba sacra Om.

Potreste inciampare, figli Miei,
ma la Madre vi cammina accanto,
creando dentro di voi
la consapevolezza dell'eternità.

Figli cari,
ricordate sempre nel vostro cuore
che Dio è Amore;
meditando sull'incarnazione dell'Amore,
voi stessi diventerete quell'Amore.

Madre sostituì il ritornello con "Om".

Il canto si concluse con la melodiosa ripetizione dell'Om, recitato da tutti i presenti. La preghiera durò per più di cinque minuti. Sembrava che la Madre stesse guidando le persone verso il mondo della Verità suprema, il regno dell'Om, il suono primordiale.

Un atto di amore innocente

Alle tre del mattino, quando finalmente terminò il darshan, la Madre si alzò dalla sedia e lentamente uscì dalla sala, toccando amorevolmente tutti coloro che si erano allineati lungo il percorso. Fuori faceva freddo. Amritatma, che stava aspettando la Madre vicino alla macchina, fu testimone di un fatto molto commovente.

Il terreno di fronte alla sala era stato scavato per eseguire lavori di riparazione. Un'asse di legno serviva da ponte sopra lo scavo. L'asse era robusta, ma appariva ruvida e sporca. Sebbene il clima fosse rigido, un devoto di nome Ken Goldman si tolse il cappotto e lo stese amorevolmente su un tratto dell'asse affinché la Madre vi camminasse sopra. Vedendo che non bastava a coprire tutta l'asse, sua moglie Judy si tolse immediatamente il cappotto e lo mise vicino a quello di Ken. Ma c'era ancora dello spazio da cui si intravedeva la tavola sporca. Ispirati dai genitori, i due figli si levarono i cappottini e li stesero con cura sulla parte scoperta.

Quando Amma uscì e vide i quattro indumenti sull'asse, disse: "Figli miei, cosa succede? Perché state rovinando i vostri bei cappotti? Fa molto freddo, per favore prendeteli e rimetteteli. Questo corpo è cresciuto in mezzo a grandi difficoltà e austerità e Amma può facilmente adattarsi ad ogni situazione; lei non ha bisogno di essere trattata in modo speciale". La Madre si chinò e cercò di raccogliere i cappotti, ma Ken e Judy s'inginocchiarono davanti a lei ed esclamarono: "No, Amma! Per favore, purifica i nostri paltò con il tocco dei tuoi piedi, così che quando li indosseremo saremo anche noi purificati". Mentre Ken e Judy guardavano la Madre, i loro due bambini rimasero vicini ad Amma, appoggiandosi a lei. La Madre sorrise, e con grande affetto avvolse l'intera famiglia con le sue braccia. Poi, accogliendo le loro preghiere, camminò sui cappotti stesi sopra il ponte e salì in macchina. Felice, la famiglia raccolse i paltò e li indossò.

Mentre era in macchina, la Madre disse: "Quei figli (i Goldman), hanno ricordato ad Amma come dovrebbe essere la famiglia di un *grihasthasrami*[2]. Quando quel mio figlio si è tolto il cappotto e lo ha steso sull'asse, era pronto a sacrificarlo e a soffrire il freddo perché considerava suo *dharma* (dovere) proteggere i piedi

---

[2] Il grihasthasrami, o padre di famiglia, si dedica alla vita spirituale nonostante abbia una sua famiglia.

di Amma. Quando la moglie ha visto che non era abbastanza largo da coprire tutta l'asse, si è levata il suo cappotto, sentendo che faceva parte del suo *dharma* portare a termine ciò che il marito non era riuscito a fare. Ma quel paltò non era abbastanza ampio e così entrambi i bambini si sono offerti per completare l'azione dei genitori. In tal modo, l'intera famiglia, ispirata da un ideale, ha sinceramente collaborato per portare a buon fine il compito che consideravano come il loro *dharma*. Anche se potrebbe sembrare un piccolo gesto, ciascuno di loro ha sacrificato qualcosa per la felicità di qualcun altro. Amma non aveva certo bisogno che l'asse fosse coperta con quei cappotti, ma il loro comportamento ha intenerito il suo cuore e ha suscitato in lei tantissimo amore per quei figli!

"Bisognerebbe coltivare un tale atteggiamento non solo nei confronti di Amma, ma verso tutti. Dovremmo collaborare amorevolmente e aiutarci l'un l'altro per il bene comune e per il miglioramento dell'intera società. Questo è il nostro vero *dharma*, che può condurci all'obiettivo ultimo della vita, la realizzazione del Sé. E questo cammino dovrebbe iniziare dalla famiglia".

Straordinaria grazia

Erano le quattro del mattino del giorno seguente e la Madre aveva appena finito di dare il darshan. Le persone erano state sedute per ore attorno a lei, guardando ininterrottamente il suo viso radioso, che ogni volta sembrava sempre fresco e nuovo e anche del tutto familiare. Per ore avevano bevuto dall'inesauribile coppa del suo amore divino senza mai alzarsi dai loro posti, tranne che per andare da lei per il darshan.

Infine la Madre si alzò dalla sedia. Mentre stava per dirigersi verso l'uscita, improvvisamente si fermò, si mise a guardare qualcuno in fondo alla sala ed esclamò: *"Mol* (Figlia mia)!" Tutti si girarono per vedere chi stesse chiamando. Di nuovo, la Madre chiamò: "*Mol,* vieni!" Un attimo dopo, una giovane corse verso Amma e con un forte grido si gettò ai suoi piedi. La donna singhiozzava in modo incontrollabile, gridando: "Madre, Madre!" Alcuni stavano per allontanarla dalla Madre, ma lei li fermò dicendo: "No, va tutto bene! Soffre moltissimo, lasciate che dia sfogo al suo dolore". Essi si fecero da parte, osservando in silenzio la scena. Passarono alcuni minuti. La donna era sempre prostrata ai piedi della Madre, piangendo copiosamente. *Brahmachari* Amritatma e alcuni altri si spazientirono e fecero un passo in avanti, chiedendole di alzarsi. Questa volta Amma non disse nulla, ma li fermò con uno sguardo severo. Trascorsero altri minuti e poi lentamente la giovane si sollevò e si inginocchiò davanti alla Madre; unì i palmi delle mani in segno di riverenza e guardò la Madre in viso. Tentò di parlare tra le lacrime, ma non vi riuscì per l'intensa emozione. Amma le sorrise con uno sguardo molto compassionevole e la avvicinò a sé. La donna scoppiò di nuovo in lacrime. La Madre chiuse gli occhi e sembrò scivolare in un altro mondo. Accarezzò la donna, toccandole i capelli e mormorando dolcemente: "*Mol... mol...*"

Poi, gentilmente, la Madre le disse: "Cara figlia, non piangere. Figlia, Amma conosce molto bene il tuo cuore!" A quel punto i presenti, notando che la Madre stava asciugandosi le lacrime, non riuscirono a trattenere il pianto.

Questo comportamento della Madre ricorda una sua affermazione: "Quando sei in presenza di Amma, lei diventa te. Amma è come uno specchio che, semplicemente, riflette i sentimenti dei suoi figli".

Alla fine, la donna riuscì a calmarsi. La Madre le diede un altro abbraccio, la baciò teneramente su entrambe le guance e poi uscì lentamente dalla sala.

Mentre camminava, toccò con affetto tutti quelli che le erano vicino. L'atmosfera era pregna del suo amore. Una donna iniziò spontaneamente a cantare *Amazing Grace* (Straordinaria grazia), e tutti si unirono a lei. Infine, la Madre, la vera sorgente di ogni grazia, salì in macchina e partì.

Il giorno dopo, la donna che aveva pianto così abbondantemente ai piedi della Madre raccontò a *brahmachari* Amritatma cosa le era accaduto. Arrivata poco prima del programma, era rimasta seduta in fondo alla sala per tutta la sua durata a guardare la Madre dare il darshan, intenzionata a non andare da lei. Questa sua resistenza era dovuta all'avere commesso in passato alcuni gravi errori che riteneva imperdonabili e si sentiva estremamente colpevole. Mentre guardava Amma e l'amore sconfinato che dimostrava a tutti, la donna pensava che una peccatrice come lei non fosse degna di ricevere un tale amore.

Avendo deciso di non presentarsi per il darshan, era rimasta seduta a piangere per tutto il tempo. Ma la Madre la vide e, consapevole del suo tormento, alla fine del darshan la chiamò.

Alcuni giorni più tardi, mentre si recavano a un programma serale, *brahmachari* Amritatma chiese ad Amma perché quella notte avesse aspettato la fine del programma prima di chiamare la donna.

La Madre rispose: "Sedendo in presenza di Amma e guardandola così a lungo, quella figlia è diventata improvvisamente consapevole del pesante fardello di colpa che stava portando; questa presa di coscienza ha suscitato l'impellente bisogno di alleggerirsi di un tale peso e di essere libera. Percepire il profondo amore di Amma mentre sedeva in fondo alla sala ha alleviato il suo dolore interiore. Tutte quelle lacrime hanno lavato via la colpa e, alla fine, quando Amma l'ha chiamata, era pronta a sbarazzarsi del suo peso e acquisire la pace tanto desiderata. Tutto questo non sarebbe potuto accadere se Amma l'avesse chiamata all'inizio del darshan, perché le occorreva del tempo per aprirsi. Ogni cosa è destinata ad accadere in un certo modo, solo così avrà un effetto duraturo.

"Un peccatore... anche se in effetti non esistono peccatori perché lo stato di illuminazione è presente in forma latente in tutti gli esseri umani, persino nel peggiore "peccatore", e aspetta il momento giusto per affiorare. Così, nessuno è realmente un peccatore. Esiste solo l'*Atman*. Amma usa la parola "peccatore" solo per farsi capire.

"Un peccatore può trovare pace solo in presenza di un grande maestro, perché in sua presenza la mente riesce a fluire liberamente. In un'atmosfera colma di amore incondizionato, tutti i peccati vengono dissolti. Come una diga che era stata sbarrata, la mente apre le sue chiuse, permettendo a ciò che era rigido e alle emozioni di ammorbidirsi e scorrere senza più ostacoli.

"Quella figlia era intrappolata nel suo dolore e non aveva mai avuto l'opportunità di liberarsi della colpa e del dolore che stagnavano nella sua mente perché non si erano mai presentate condizioni favorevoli che favorissero questo processo. Così, il dolore era annidato in lei.

"Si cerca di soffocare il dolore con vari pensieri, oggetti e piaceri, comprando ad esempio una macchina o una casa nuova o cambiando ragazzo o ragazza; continuando a coprirlo con uno strato dopo l'altro di distrazioni, il dolore si indurisce con il passare degli anni, si intensifica e la sua presa diviene più sottile. Ci rechiamo allora da uno psicoterapeuta, ma con quale beneficio? Intrappolato nella sua stessa mente, il terapista non può fare altro che soffocare ulteriormente la sofferenza che giace dentro di noi senza riuscire a rimuoverla. Chiunque cerchi di aiutare qualcuno a dissolverla, si accorgerà che non è possibile una reale guarigione o cambiamento, a meno che la sua coscienza si trovi a un livello superiore a quello della persona che desidera aiutare. Quello che davvero conta è il proprio livello di consapevolezza. Un'Anima realizzata dimora sul piano più elevato di coscienza, ha raggiunto la vetta più alta. In sua presenza, tutte le sofferenze vengono rimosse e le ferite della psiche guariscono spontaneamente.

"Solo un *Satguru* (un Maestro che ha realizzato il Sé) può riversare la grazia necessaria e creare le giuste condizioni che consentano al tuo dolore di affiorare e questo è proprio ciò che è accaduto con quella donna. Il suo dolore è venuto a galla, e la presenza di Amma l'ha aiutata a sbarazzarsi del senso di colpa che portava con sé da così tanto tempo.

"Il modo migliore per liberarsi da un grande senso di colpa, simile al dolore di una ferita infetta che ti brucia dentro, è diventarne consapevoli e questo è possibile solo alla presenza di un vero Maestro. Mostrandoti le tue profonde piaghe interiori, il Maestro ti aiuta a prendere coscienza di quanto potrebbero farti del male e distruggere la tua vita. Alla fine, grazie al suo infinito amore e compassione, esse guariscono.

"La storia che ora Amma racconterà ti aiuterà forse a capire meglio. Un uomo ricco aveva completamente perso la pace mentale per il troppo lavoro e il forte stress. Si rivolse a diversi dottori e guaritori che potessero aiutarlo a risolvere questo grave problema. Tutti, compresi i suoi amici, lo esortarono ad andare in pensione, a riposare, a rimanere a casa e a godersi la vita, ma né i consigli né le medicine che gli diedero sembravano giovare. Un giorno gli parlarono di un grande saggio che viveva in una grotta sperduta. L'uomo era così disperato che decise di fargli visita. Dopo un viaggio lungo e difficile, alla fine arrivò sul posto. Nonostante il freddo pungente, il santo sedeva nudo nella grotta. Quando vide il visitatore, l'asceta gli fece cenno di sedersi vicino a lui, poi chiuse gli occhi ed entrò in *samadhi*, rimanendo in questo stato per tre giorni. Per tutto il tempo, il ricco uomo rimase seduto in quella gelida grotta senza mangiare né riposare, talmente desiderava liberarsi del proprio dolore. Il terzo giorno il santo aprì gli occhi e gli disse: 'Ritirati dagli affari e riposati. Stai a casa e goditi con serenità la vita'. Dopo aver ascoltato queste parole, l'uomo prese la via del ritorno.

"Alcuni giorni dopo i suoi amici andarono da lui e, stupiti nel vedere come sembrasse in pace e contento, si chiesero come fosse possibile una tale trasformazione in così poco tempo. Quando l'uomo raccontò loro la visita al santo e i consigli che aveva ricevuto, essi esclamarono: 'Ma questo è esattamente ciò che ti abbiamo sempre detto!' Sorridendo, l'uomo rispose: 'Forse le parole erano le stesse, ma quando le ho sentite pronunciare da un vero Maestro, all'improvviso ne ho colto il profondo e vero significato. Mentre le diceva, ho avuto un'intuizione e ho compreso che 'ritirarsi dagli affari e riposarsi' significa ritrarre i sensi dal mondo della molteplicità, e 'stare a casa e godersi con serenità la vita' significa dimorare nel Sé, vedendo ogni cosa come una manifestazione di Dio. La presenza del Maestro e il potere racchiuso nelle sue parole hanno rimosso tutta la mia paura e tensione, portandomi infine a sperimentare la vera pace della mente'.

"Figlioli, solo alla presenza di un Maestro che ha realizzato il Sé può aver luogo una reale trasformazione. Tuttavia, sia quella figlia che l'uomo della storia hanno trovato la pace della mente solo dopo aver compiuto lo sforzo necessario. In realtà, però, non occorre nessuno sforzo perché non è necessaria nessuna forma di forza o di tensione. Potremmo dire che si tratta di un impegno senza sforzo, spontaneo, che semplicemente accade. I cancelli del cuore si aprono, lasciando che la grazia del Maestro entri e porti nuova luce ed energia nella vostra vita".

Quello che la Madre disse della donna si dimostrò vero; dopo alcuni giorni, lei tornò a trovare la Madre e le disse che si sentiva una persona diversa e che per la prima volta dopo anni era rilassata e in pace con se stessa.

Amritatma fece un'altra domanda alla Madre: "Amma, sarebbe bastato un Tuo *sankalpa* per rimuovere il suo dolore, non occorreva che lei piangesse così a lungo. Perché non l'hai fatto?"

La Madre rispose: "Figlio, ma questo è esattamente quello che è accaduto; il *sankalpa* di Amma era in azione e lo è sempre. Come pensi che sia nata in lei l'ispirazione ad andare da Amma? Se fosse venuta di propria iniziativa, avrebbe potuto semplicemente andarsene via, invece di restare a piangere in fondo alla sala per tutta la durata del darshan. Cosa l'ha spinta a rimanere seduta così a lungo? E infine cosa l'ha fatta aprire a tal punto? Credi che tutto ciò sarebbe potuto accadere senza il *sankalpa* di Amma? Lo sforzo personale della donna non era sufficiente, la grazia e il *sankalpa* del Divino sono dietro ogni cosa.

"Le situazioni che ti permettono di aprirti e di progredire interiormente accadono solo con il *sankalpa* del Guru o di Dio. Dovremmo capire che nulla avviene per caso".

Il primo Devi Bhava

Il primo *Devi Bhava* si svolse nel soggiorno di Earl, in un tempietto appositamente preparato per l'occasione. Nel tardo pomeriggio, alcune ore prima del *Devi Bhava*, *brahmachari* Amritatma raccontò la vita della Madre attraverso il *katha*, una tradizionale forma teatrale in cui i canti si alternano alla narrazione. Tutti rimasero profondamente commossi, soprattutto perché la maggior parte dei presenti aveva appena incontrato Amma e non conosceva nulla della sua vita straordinaria.

La casa era gremita: la folla aveva occupato ogni angolo della casa e anche il giardino. Al termine della rappresentazione, le persone si sedettero nella sala, di fronte al piccolo tempio chiuso, in attesa che iniziasse il *Devi Bhava*. Non avevano nessuna idea di quello che sarebbe successo: era stato detto loro che la Madre avrebbe mostrato in modo più tangibile la sua unione con la Madre Divina.

Una volta la Madre aveva detto ad alcuni suoi discepoli: "Se voi poteste vedere Amma come è davvero, ne rimarreste sopraffatti, non potreste assolutamente reggere tale vista. Per questo motivo Amma è sempre coperta da uno spesso strato di *maya* (illusione); durante il *Devi Bhava*, però, rimuove uno o due dei suoi veli, rivelando un po' più di ciò che è realmente".

Durante la notte del primo *Devi Bhava* della Madre in Occidente, i *brahmachari* ebbero l'impressione che lei avesse rimosso più veli del solito. Per tutti i presenti fu una notte indimenticabile.

Il sipario, formato da vari sari multicolori, si aprì improvvisamente e i *brahmachari* cominciarono a intonare il *Durga Suktham*[3], recitato a ogni inizio di *Devi Bhava*.

La Madre sedeva su una sedia e indossava uno stupendo sari di seta verde. Il suo capo era adorno della tradizionale corona della Devi, la Madre Divina. Nel vederla, tutti rimasero incantati. Durante il darshan diurno era possibile vedere e percepire la divinità della Madre in un modo indescrivibile, ma adesso essa veniva rivelata in maniera ancora più evidente. Il suo volto brillava della bellezza, della compassione e del potere della Madre Divina, e questo splendore si diffondeva per la stanza, impregnando di una meravigliosa fragranza l'atmosfera. La Madre traboccava di una tale energia divina che tutto il suo corpo vibrava visibilmente; rimase in tale stato per l'intero *Devi Bhava*, che si protrasse fino alle prime ore del mattino successivo.

Una alla volta, le persone andavano da lei per ricevere l'abbraccio. Quando venivano toccate, facevano l'esperienza diretta di un potere soprannaturale molto sottile, ma immensamente potente. Alcuni lo paragonarono al ricevere una forte carica elettrica, estremamente rasserenante e spiritualmente elevante. Altri lo vissero

---

[3]   Inno di lode alla dea Durga, tratto dalla *Mahanarayana Upanishad*.

come un'esperienza purificante che rimuoveva le loro negatività. Altri ancora vennero trasportati verso uno stato trascendentale di consapevolezza al di là dello spazio e del tempo. Per tutta la notte molte persone cantarono e danzarono di gioia. Seduti di fronte al tempio, i *brahmachari* cantavano *bhajan*. Il canto che diede inizio al *Bhava darshan* fu *Jaya jaya devi dayamayi ambe*.

Jaya jaya devi dayamayi ambe

Vittoria alla Madre estremamente amabile!
Madre, Ti prego donami la beatitudine
che scaturisce dal Tuo oceano di compassione.
Enuncia i Veda ai Tuoi servi
mia Dea, Amritanandamayi.

Ricordando il Tuo viso di loto,
i nostri peccati e le nostre paure
del divenire vengono distrutti,
mia Signora, Amritanandamayi.
Fedele al puro dharma,
sei fonte di ogni buon auspicio.

Madre
che ci sproni a rinunciare
agli agi del mondo perituro,
Creatrice dell'universo,
la Tua natura è purezza,
mia Signora, Amritanandamayi.

Estremamente santa,
sei venerata dai devoti;
con un puro e incantevole sorriso sul volto
dimori nello stato supremo,

non toccata dal desiderio,
Amritanandamayi.

Sei nata come la dea della saggezza
per liberarci da questo mondo di dolore.
Amritanandamayi,
possano i Tuoi santi Piedi
rischiarare con il loro splendore
i nostri cuori.

Hai assunto questa nascita per amore di chi è infelice;
il Tuo scopo divino è il bene degli altri.
Mia Signora Amritanandamayi
dalla forma umana,
la Tua reale natura è però Esistenza-Coscienza.

Ci insegni a discernere
tra il Sé e il non Sé,
così che le nostre menti vengano rese pure.
Essendo immerse nell'Atman
le Tue parole soavi fluiscono dolci come nettare,
o Amritanandamayi.

Più tardi nella notte, alla fine del *Devi Bhava*, la Madre si alzò
e si diresse verso la soglia del tempietto: rimanendo in piedi,
lanciò manciate di petali di fiori su tutti quelli che le stavano
dinanzi, rendendo omaggio al Supremo che dimora in ognuno.
Senza muoversi, cominciò a dondolare leggermente il corpo da
un lato all'altro, mentre in lei avveniva un visibile cambiamento. *Brahmachari* Amritatma ebbe la sensazione che la forma di
Amma diventasse improvvisamente più grande e che il suo viso
si trasformasse. Sebbene negli occhi della Madre brillasse sempre
una sconfinata compassione, Amritatma non vide più di fronte a

sé l'immagine dolce e gentile di Amma, ma quella estremamente potente e ispiratrice di timore riverenziale della Devi, la Madre dell'universo, nella sua forma più impersonale. E mentre la Madre mostrava uno degli infiniti aspetti di ciò che è, Amritatma assieme agli altri cantò *Om Bhadrakali.*

Om Bhadrakali

Om Bhadrakali,
o Devi che ci doni rifugio;
Incantatrice e Madre,
benedicimi!
O dea che hai ucciso il demone Chamunda,
Ti prego, proteggi amorevolmente la Tua gente
e donale felicità!

Ci inchiniamo ai Tuoi Piedi di loto,
adorni di cavigliere d'oro.
O Chandika
di grande bellezza,
mirabile danzatrice,
benedicici con il Tuo sguardo colmo di grazia!

Valorosa Bhairavi
che tagliasti la testa del demone Darika,
cercando rifugio ai Tuoi Piedi
cantiamo le Tue lodi!
Oceano di Grazia,
ci inchiniamo a Te.

Carmel

L'onniscienza della Madre

La Madre tenne un programma serale nella sala del club femminile di Carmel. Era ospite di Ron Gottsegen, cugino di Nealu e di Earl. Ron era un uomo sulla cinquantina, proprietario di una fiorente impresa che produceva apparecchi elettronici: dal momento in cui la vide, Ron si sentì profondamente attratto dalla Madre. Un pomeriggio, prima del programma serale, mentre la Madre sedeva sola sul vasto prato del giardino di Ron, Amritatma uscì e si sedette vicino a lei. Amma disse: "Ron possiede le qualità di un vero aspirante. Un giorno rinuncerà ad ogni cosa. È mio figlio". E questo è esattamente ciò che accadde: Ron comprò del terreno a San Ramon, in California, e lo offrì alla Madre come gesto d'amore; su questo terreno è sorto l'ashram di Amma. In seguito, Ron fu incaricato di organizzare l'ospedale superspecialistico di Amma a Ernakulam e andò a vivere con lei in India.

Seattle

Durante la sua permanenza a Seattle, la Madre fu ospite dei signori Hoffman e svolse il suo primo programma serale da loro. Dal suo arrivo in America, la Madre aveva scritto brevi lettere a ciascun residente dell'ashram di Vallikkavu, consapevole di quanto stessero soffrendo per la separazione da lei. Tra il darshan del mattino e quello della sera, la Madre dedicava alla corrispondenza i pochi istanti del suo tempo libero.

Una sera la Madre disse: "Nell'ashram in India, la meditazione del mattino è appena terminata. Amma può vedere tutti i suoi figli seduti davanti alla sala di meditazione che la stanno pensando e che sono molto tristi. Alcuni di loro stanno piangendo perché sentono molto la sua mancanza!" La Madre disse i nomi di quelli che piangevano, poi chiuse gli occhi e si sedette in silenzio, mentre le lacrime le rigavano il viso.

Quando finì il darshan della sera, la Madre espresse il desiderio di parlare con tutti gli *ashramiti* in India e così telefonarono a Mahadevan, uno dei devoti della Madre che viveva ad Alleppey, una città vicino all'ashram, e si accordarono affinché il giorno dopo alla stessa ora tutti i residenti andassero ad Alleppey ad aspettare la sua chiamata.

La notte seguente, dopo il programma serale, la Madre telefonò e parlò con i suoi figli, giunti appositamente dall'ashram, impazienti di udire la Sua voce. La Madre chiese loro se fossero tristi. Essi risposero che lo erano stati particolarmente il giorno prima. Dopo la meditazione mattutina si erano seduti fuori dalla sala pensando ad Amma e piangendo, ed ecco che ora lei li aveva chiamati! La Madre cercò di consolarli con parole traboccanti di compassione, disse che era sempre con loro e che li aveva visti il giorno prima. Quando infine posò il ricevitore, raccontò ai presenti la tristezza dei suoi figli nell'ashram e come si fosse sentita spezzare il cuore quando al telefono la chiamavano gridando: "Amma!"

Era evidente che l'intenso desiderio dei suoi figli in India aveva fatto sì che lei rispondesse a quell'appello telefonando.

Il significato delle sue lacrime

Vi potreste chiedere come un grande maestro come la Madre possa piangere. Vi furono giorni in cui *brahmachari* Srikumar (Swami Purnamritananda) dovette trascorrere un periodo di tempo lontano da lei. In quell'occasione, mentre Amma stava leggendo una lettera che lui le aveva mandato, *brahmachari* Amritatma vide la Madre piangere. La lettera conteneva il canto *Arikullil,* composto da Srikumar.

Arikullil

Il sole è tramontato nell'oceano verso Occidente;
il giorno ha dato voce al suo lamento.
Non è che il gioco dell'Architetto dell'universo,
perché dunque disperarsi,
o fiori di loto che state per chiudervi?

Questo mondo, in cui regnano l'infelicità e il dolore,
non è che un gioco di Dio, il Creatore;
e io, lo spettatore, sono un burattino
nelle Sue mani.
Guardo, ma non ho lacrime da versare.

Separato da Te,
sto bruciando come una fiamma;
la mia mente è arsa dalle fiamme.

Mi dibatto
in questo oceano di dolore,
incapace di scorgere la riva.

Vedendo queste lacrime, Amritatma pensò: "Come può Amma, che è al di là di tutti i sentimenti, piangere così?" Più tardi, quando le fece questa domanda, lei rispose: "Figlio, in quella lettera e nel canto che *Srimon* (mio figlio Sri) ha scritto, Amma avverte intensamente il suo forte e innocente struggimento. Amma rispecchia semplicemente ogni cosa; rispecchiare questa innocenza, l'ha fatta piangere. Quando sei davanti a uno specchio e piangi o ridi, lo specchio ti rimanda la stessa immagine. Così, nello stato di realizzazione si diventa facilmente l'altro senza sviluppare però attaccamento perché quell'identificazione non è che un riflesso. Non ci si attacca né ci si identifica con nulla. Un vero maestro risponde alla chiamata dei suoi devoti e discepoli, e tale risposta è proporzionata all'intensità della chiamata e dipende dalla fede e dall'amore del discepolo per lui.

"Ogni creatura è parte della Coscienza universale. Così, quando chiami Dio dal profondo del cuore, le onde provocate da quell'appello si riflettono in una Grande Anima (*Mahatma*), che è tutt'uno con quella Coscienza, e sorge una risposta. Le lacrime che vedi negli occhi di Amma non vanno confuse con le lacrime della tristezza. Le sue lacrime sono semplicemente una risposta al richiamo innocente proveniente dall'altra parte.

"Sri Rama pianse quando Sita venne rapita dal demone Ravana, e si rivolse persino agli uccelli, ad altri animali, agli alberi e alle piante chiedendo se avessero visto la sua diletta Sita. Le lacrime di Rama riflettevano il dolore di Sita nell'essere separata dal suo amato Signore. In modo simile, gli occhi di Krishna si riempirono di lacrime quando incontrò Sudama, Suo grande devoto. Il pianto di Krishna rispecchiava la devozione di Sudama verso di Lui. Possiamo trovare simili esempi anche nell'amore profano, purché questo amore sia sincero. L'intensità dei sentimenti dell'amante si riflette nell'amato.

"L'amante chiama e l'amato risponde; il discepolo chiama e il maestro risponde; il devoto chiama e Dio risponde. Tuttavia, la natura della risposta dipende dalla chiamata.

Distanziarsi dalle situazioni

"Ad ogni modo, la risposta è un mero riflesso, perché Dio è di là di ogni cosa. Dio è la Coscienza-Testimone, completamente incontaminato e distaccato. In quello stato supremo, quando sei semplice testimone di tutto ciò che accade - di tutte le esperienze, belle e brutte - c'è una distanza tra te e ogni situazione.

"Supponiamo che qualcuno muoia, non nella tua famiglia ma in quella di un tuo amico. Vai dal tuo amico, ti siedi accanto a lui e cerchi di consolarlo dicendo, ad esempio: 'Non essere triste, amico mio. La morte fa parte della vita, prima o poi tutti dobbiamo morire. Ricorda che l'anima è eterna; solo il corpo muore'. Sei in grado di dire queste frasi perché c'è una distanza tra te e la situazione.

"Ma se muore un tuo congiunto, ti comporterai molto diversamente: proverai dolore perché sei molto coinvolto da ciò che è successo.

"Un famoso chirurgo che ha eseguito migliaia di interventi preferirebbe non operare la propria moglie o il proprio figlio perché è troppo attaccato a loro. Se qualcuno dei suoi cari deve subire un'operazione, per quanto esperto o famoso lui possa essere, lascerà che sia un suo collega a compiere l'intervento. Allo stesso modo, uno psicologo è troppo identificato con i propri problemi per essere in grado di analizzare se stesso o darsi dei consigli e quindi si rivolge a un altro psicologo. Un *jivanmukta*, invece, è semplice testimone di ogni cosa che accade dentro e intorno a lui. Benché possa esprimere vari sentimenti, non ne è attaccato. Egli è lì, totalmente presente, ma al tempo stesso non è lì".

Più lontano del più lontano, più vicino del più vicino

L'ultimo giorno di Seattle, durante il programma del mattino, un devoto americano che aveva studiato le Scritture indiane fece la seguente domanda:

"Le *Upanishad* affermano che il *Paramatman* (l'Essere Supremo) è distante, ma che è allo stesso tempo anche molto vicino[4]. Sono molto confuso da questa affermazione. Come può qualcosa essere lontano e al tempo stesso vicino? Amma, potresti spiegarmelo?"

La Madre rispose: "Figlio, Quello che è in ogni luogo è sia vicino che lontano. Il *Paramatman* è ovunque. Noi proveniamo dal Sé Supremo, viviamo in Lui, moriamo in Lui e rinasciamo in Lui. Il *Paramatman* non è un'entità distante, è davvero 'più vicino del più vicino'. L'apparente distanza è dovuta alla nostra ignoranza. Finché c'è l'ignoranza, il Sé (*Atman*) appare lontano, 'più lontano del più lontano'[5]. Una volta che è stata rimossa l'errata identificazione con il corpo, ciò che è 'più lontano del più lontano' diviene 'più vicino del più vicino' e si diventa consapevoli che non si è mai stati distanti dal *Paramatman* e che si è sempre esistiti in Lui; Il *Paramatman* è sempre stato *qui*.

"Immagina di essere sulla spiaggia e di guardare l'orizzonte. In lontananza, sembra che l'orizzonte stia per fondersi con l'oceano e che il cielo stia incontrando la terra. Se al largo c'è un'isola, può sembrare che gli alberi dell'isola stiano toccando il cielo. Potremmo pensare che, se andassimo là, potremmo giungere al punto in cui la terra e il cielo si incontrano. Quando però ci arriviamo, scopriamo che, invece di raggiungere l'orizzonte, esso sembra ancora lontano. Procedendo verso di lui, esso sembra allontanarsi e quindi diventa irraggiungibile. In piedi sulla spiaggia avevamo l'impressione che l'orizzonte stesse toccando l'isola e gli alberi, ma avvicinandoci all'isola, scopriamo che esso è ancora più lontano. Dov'è, allora, l'orizzonte? È proprio qui, dove siamo noi. Noi e l'orizzonte siamo esattamente nello stesso punto. Analogamente,

---

[4] Tat dūre tadvantikē (Ciò che è molto lontano è molto vicino) – *Ishavasyopanishad* (verso 5).
[5] Dōrāt sudōre tadihāntikē cha (Più lontano del più lontano, più vicino del più vicino) – *Mundakopanishad* (3:1:7).

il *Paramatman* non è in qualche posto lontano, ma è in te. In verità, tu stesso sei il *Paramatman*.

"Spesso, le persone dicono: 'Sono triste'. Con questa afferma-zione affermano di *essere* la tristezza. Ogni volta che si sentono tristi, vi si immergono, iniziano ad identificarsi con il loro dolore finché pensano di essere quel dolore.

"Il *Paramatman*, la Coscienza Suprema, è molto vicino. L'erronea identificazione con il dolore, il piacere, il dispiacere, la collera e altre emozioni, dovuta alla erronea convinzione di essere il corpo e non la coscienza, crea la distanza. Queste nostre identificazioni nascono dall'ignoranza. Una volta che abbiamo rimosso questa ignoranza e non ci identifichiamo più con il corpo, non viviamo l'esperienza di essere nel dolore o di essere il dolore, ma prendiamo consapevolezza del dolore. Diventiamo così un testimone, che osserva semplicemente il dolore o qualsiasi altra sensazione. La nostra coscienza è distaccata da quello che sta accadendo al corpo. Quando ciò avviene, il *Paramatman* è più vicino del più vicino. Ma fino ad allora, apparirà più lontano del più lontano. Ecco perché si dice che ciò che è molto distante è anche molto vicino.

"Una donna desiderava ardentemente sposarsi. Per anni aveva cercato il marito adatto senza riuscire a incontrare la per-sona giusta, e alla fine ci aveva rinunciato e deciso di consolarsi andando in giro per il mondo. Aveva viaggiato attraverso nazioni e continenti sino a quando un giorno, mentre si trovava dall'altra parte del mondo, incontrò un uomo meraviglioso in un hotel. Si innamorarono l'uno dell'altro e l'uomo risultò poi essere la sua anima gemella. Quale fu la loro sorpresa nello scoprire che non solo provenivano dalla stessa città, ma che vivevano nello stesso palazzo, porta a porta. Senza saperlo, erano stati vicini di casa per anni!

"Figli, potete cercare Dio ovunque, ma non Lo troverete, perché Lui è più vicino di quanto immaginiate. Appare lontano solo finché rimanete nell'ignoranza. Rimuovete la vostra ignoranza, sbarazzatevi della vostra identificazione con il corpo e trascendetela, svegliatevi e prendete consapevolezza. Allora, capirete che Dio è 'più vicino del più vicino'".

Al termine del programma di Seattle, la Madre prese un volo per San Francisco.

Ganesha

Al mattino, la Madre, i *brahmachari*, Gayatri e Saumya salirono sul pulmino che dalla baia di San Francisco li avrebbe condotti al monte Shasta. Si trattava di un dono che Dennis e Bhakti Guest avevano fatto alla Madre per questo suo viaggio, ma il pulmino non era abbastanza capiente per accogliere tutte le persone. Poiché tutti però desideravano tanto stare con la Madre, in un modo o nell'altro riuscirono ad entrarci. Per la strada la Madre si fermò a Gaberville, una cittadina sulla strada per il monte Shasta, dove tenne un ritiro in uno chalet circondato da gigantesche sequoie. Accettando il loro invito, la Madre andò anche da Ken e Judy Goldman, che vivevano in una casa mobile poco distante.

I due figli dei Goldman erano molto attratti dalla Madre e la seguirono ovunque durante la sua visita. Amma insegnò loro un canto. Ripetendo entusiasticamente ciascun verso dopo la Madre, cantarono *Devi Devi Devi Jagan Mohini*.

Devi Devi Devi Jagan Mohini

Madre Divina
che incanti il mondo,
Chandika,
distruttrice dei demoni Chanda e Munda;

Chamundesvari,
Madre Divina,
mostraci il retto cammino
attraverso l'oceano della trasmigrazione.

I due bambini chiesero alla Madre di giocare con loro. Non potendo rifiutare questa richiesta innocente, Amma si mise a giocare con loro per un po'. Più tardi, mentre era con questa famiglia, la Madre domandò ai piccoli: "Sarete così innocenti e avrete la stessa devozione anche da grandi?" I ragazzini annuirono immediatamente.

Judy Goldman era talmente commossa dalla presenza della Madre che scoppiò in un pianto dirotto. Ken era elettrizzato, impaziente di mostrarle la collezione di statuette di Ganesha. Guardando queste statuine con grande interesse, Amma allungò la mano, accarezzò affettuosamente il grande ventre di una di esse e ridendo disse: "Che creatura affamata! In quel ventre ha l'intero universo!"

Indicando lo stomaco prominente del dio-elefante, la Madre disse: "Il grande ventre indica la fame insaziabile di conoscere la Verità che possiede un aspirante spirituale sincero. Le grandi orecchie di Ganesha rappresentano *shraddha*, la capacità di un *sadhak* (aspirante) di 'sentire', di assorbire i princìpi spirituali sottili. Con la proboscide, un elefante può sradicare un albero enorme e anche raccogliere un ago minuscolo. La proboscide di Ganesha simboleggia dunque l'abilità del *sadhak* di cogliere sia i princìpi grossolani sia quelli sottili.

Il topo di Ganesha rappresenta il desiderio. Come un topolino può distruggere un intero raccolto, così un singolo desiderio può distruggere tutte le nostre virtù; ma un'anima che ha realizzato il Sé (Ganesha) ha la completa padronanza della mente e dei suoi desideri. Questo è il motivo per cui Ganesha cavalca un topo. Il topo è anche raffigurato seduto ai piedi di Ganesha, intento a guardare intensamente il Suo viso, senza toccare i dolci offerti alla divinità. Questo significa che quando un'anima è realizzata ha il controllo della propria mente, che si muove solo al suo comando". Improvvisamente la Madre guardò Ken e lo chiamò "Ganesha". L'uomo accettò con gioia il nuovo nome.

Il mattino della partenza, la Madre meditò con i *brahmachari* e il resto dei presenti davanti alla piscina dello chalet e alle dieci partì per il monte Shasta. Questo viaggio fu uno degli eventi più memorabili di tutto il tour.

La fede è più importante del ragionamento

Mentre erano in macchina, Nealu pensò che quella fosse una buona occasione per parlare con la Madre e ne approfittò per porle una domanda:

"Amma, nella spiritualità si sottolinea sempre l'importanza dell'agire maggiormente con il cuore che con l'intelletto. Talvolta ho l'impressione che alcuni maestri spirituali siano piuttosto critici verso l'impiego della facoltà della ragione e della conoscenza. Perché?"

La Madre rispose: "Figlio, la spiritualità è soprattutto una questione di fede, non è un oggetto di analisi intellettuale. La vera fede si sviluppa quando l'intelletto viene messo da parte. Questo non significa che il sapere vada trascurato: l'intelletto ha il suo posto, ma non dovrebbe essere sopravvalutato. Non pensare che la spiritualità si limiti alla conoscenza delle Scritture e all'analisi intellettuale. È proprio da questa concezione che spesso nascono i problemi. È importante creare un equilibrio tra l'intelletto e una completa fede nei princìpi spirituali. Con il sapere e il raziocinio, ad esempio, puoi convincere gli altri del valore della scienza della spiritualità e li puoi aiutare a soddisfare la loro sete intellettuale.

Tuttavia, per il tuo progresso spirituale, la fede è molto più importante del ragionamento.

"Nelle tue pratiche spirituali, la fede è più preziosa dell'intelletto. Per potere meditare, devi avere una fede completa in ciò che stai facendo. Quando svolgi un qualsiasi tipo di *sadhana*, è importante che accantoni ogni dubbio, ogni domanda e riflessione e ti concentri completamente sulle tue pratiche, se vuoi progredire. Se non hai fede, devi sforzarti di svilupparla cercando la guida di un *Satguru*. La conoscenza intellettuale ha la sua importanza e ci infonde una certa forza mentale e determinazione, se usata correttamente. Per fare l'esperienza di ciò che abbiamo imparato, abbiamo però bisogno di praticare assiduamente e la pratica richiede una fede incondizionata. Occorre quindi creare un equilibrio armonioso tra fede e conoscenza.

"Per ricordare Dio, devi dimenticare. Essere realmente focalizzati su Dio significa essere interamente ed assolutamente nel momento presente, dimenticando il passato e il futuro. Questa è l'unica vera preghiera. Questa sorta di dimenticanza ti aiuterà a rallentare il flusso dei pensieri e ti permetterà di sperimentare la beatitudine della meditazione. La meditazione autentica pone fine a ogni tristezza. Tutta la sofferenza è causata dalla mente, e il passato appartiene alla mente. Solo lasciando andare il passato attraverso la meditazione è possibile stabilirsi nel Sé o in Dio.

"In realtà, noi abbiamo già questa capacità di dimenticare e di ricordare, a cui ricorriamo abbastanza spesso. Per esempio, quando un medico è in ospedale, dimentica la casa e la famiglia; quando torna a casa, dalla moglie e dai bambini, deve dimenticarsi sia dell'ospedale sia del fatto che è un medico se vuole essere un buon marito e un buon padre. Come il medico dimentica la sua professione quando è a casa, così dobbiamo dimenticare non solo il passato, ma persino noi stessi, se vogliamo ricordare Dio e concentrarci sull'oggetto della nostra meditazione. Tutti noi riusciamo a farlo fino a un certo punto, ma non abbiamo ancora imparato come attingere al regno della Coscienza Suprema. Essere capaci di lasciare un aspetto della vita e abbracciarne un altro è un'arte. Se lo si desidera davvero, non è difficile abbandonare il proprio lato intellettuale e adottare un atteggiamento di fede innocente.

"Sri Shankara[6] era un Maestro che aveva realizzato il Sé, oltre ad essere un insigne studioso dotato di un eccezionale intelletto. Con la sua conoscenza e il suo ragionamento rimosse molte concezioni errate sulla spiritualità e insegnò la corretta interpretazione delle Scritture, serbando al tempo stesso una fede immensa in ciò che insegnava. Shankara era altamente ammirato e onorato non soltanto per la sua capacità intellettuale di cogliere il significato dei testi sacri, ma anche perché lui stesso impersonava ciò che predicava. Realizzare l'affermazione 'Io sono Quello' è possibile solo se si possiede una fiducia assoluta. Senza una tale fede non si possono mettere in pratica i princìpi spirituali. Le convinzioni intellettuali costituiscono un aspetto della spiritualità, la fede un altro ed entrambi gli aspetti sono importanti. Ciò nonostante, si può realizzare il Sé solo con la fede; la conoscenza intellettuale e il ragionamento non possono da soli portarti allo stato supremo".

In uno stato di estasi

Mentre stavano guidando, costeggiarono un bellissimo fiume dalle acque limpide, di colore blu, che luccicavano al sole. Dalla macchina si poteva udire il suono dell'acqua che scorreva. Mentre guardava intensamente il fiume dal finestrino, la Madre entrò improvvisamente in estasi esclamando: "Uh... uh...uh!" (Un suono che Amma fa spesso quando è in estasi). Saltellava sul sedile come una bambina, mentre le sue mani formavano parecchi *mudra*

---

[6] Sri Shankaracharya, che visse nell'ottavo secolo, fu un eminente filosofo ed esponente della filosofia Advaita.

(gesti sacri compiuti con le mani), uno dopo l'altro. Vedendo l'ebbrezza divina della Madre, l'autista rallentò. In pochi secondi lei entrò in uno stato profondo di *samadhi*. Ispirati dal suo stato, i *brahmachari* intonarono il canto *Prapancham engum*, mentre il pulmino fiancheggiava lentamente il fiume.

Prapancham engum

O Apparenza illusoria
che pervadi l'intero universo,
o Splendore,
non albeggerai nella mia mente dimorandovi,
diffondendo per sempre la Tua luce?

Mi sazierò bevendo il Tuo amore
e il Tuo affetto materno.
Avvicinandomi a Te e immergendomi
nel Tuo divino fulgore,
tutte le mie sofferenze svaniranno.

Da quanti giorni vago
in cerca di Te, l'Essenza di ogni cosa?
Madre mia, non mi apparirai,
concedendomi la beatitudine del Sé?
Oh, non verrai?

Quando il canto giunse al termine, la Madre era di nuovo in estasi, e in quello stato cantò *Radhe Govinda Bhajo*. Mentre cantava, rideva ad alta voce e tutto il suo corpo si muoveva avanti e indietro, come se danzasse in sintonia con il ritmo cosmico; le sue mani continuavano spontaneamente a manifestare *mudra* divini. A poco a poco ritornò allo stato ordinario di coscienza. Tutti rimasero a lungo in silenzio finché la Madre non riprese a parlare e raccontò loro una storia.

La risposta è il silenzio

"Ecco una storia che Amma ha sentito da qualche parte. Un grande maestro, rinomato per la sua saggezza e la sua levatura spirituale, era solito tenere dei bellissimi sermoni, fonte di profonda ispirazione. Gli abitanti di un villaggio desideravano ascoltarli e lo invitarono nel loro paese. Il maestro accettò l'invito e quando arrivò c'erano centinaia di persone ad aspettarlo. Dopo aver ricevuto una calorosa accoglienza, salì sul podio. Mentre la folla aspettava con impazienza che lui parlasse, egli disse: 'Cari fratelli e sorelle, sono felice ed è per me un grande onore essere qui con voi oggi, ma consentitemi di porvi una domanda: 'Qualcuno di voi conosce il tema che tratterò?' Tutto il pubblico gridò: 'Sì, lo conosciamo!' Il maestro fece una pausa, guardò la folla, sorrise e disse: 'Bene, allora. Se sapete già tutto, non c'è bisogno che io dica nulla, giusto?' Senza aggiungere altro, scese dal podio e partì. Molto amareggiati, gli abitanti del villaggio decisero di invitarlo nuovamente e il maestro accettò.

"Al suo arrivo, gli diedero il tradizionale benvenuto. Proprio prima di iniziare il suo discorso, rivolse ai presenti la domanda della volta prima. Ma questa volta le persone erano preparate e così, alla domanda: 'Conoscete un poco l'argomento di oggi?', risposero all'unisono: 'No, non lo conosciamo affatto!'

"Il maestro fece una pausa, e sul suo viso apparve un sorrisino birichino. 'Miei cari, se non sapete assolutamente nulla di questo argomento, allora è inutile che io ve ne parli, non è vero?' disse, e prima che qualcuno potesse protestare, si dileguò. Il pubblico era scioccato. Tutti erano sicuri che 'no' fosse la risposta che il maestro si aspettava. Potete immaginare la loro tristezza. Ciò nonostante, non si diedero per vinti e iniziarono a chiedersi: 'Se la risposta alla domanda del maestro non è né sì né no, allora quale potrebbe essere?' Cosa avrebbero dovuto dire per beneficiare finalmente della sua saggezza? Gli abitanti del villaggio tennero una riunione per discutere della questione e su come comportarsi quando il maestro gli avrebbe posto la stessa domanda. Erano sicuri che questa volta ciò che avevano deciso avrebbe funzionato. Ancora una volta invitarono il maestro, che arrivò il giorno stabilito. Gli abitanti erano inquieti e al tempo stesso elettrizzati. Davanti a loro, l'uomo rivolse il solito interrogativo: 'Fratelli e sorelle, conoscete un poco l'argomento di cui vorrei parlare?' Senza nessuna esitazione, metà della folla gridò: 'Sì!' e l'altra metà gridò 'No!'

"Gli abitanti del villaggio attendevano con ansia la risposta del maestro, che però esclamò: 'Bene, quelli di voi che sanno insegnino a quelli che non sanno!'

"Fu un colpo inaspettato per tutti. Prima che avessero il tempo di riaversi dallo shock, il maestro se ne era già andato tranquillamente.

"Che fare ora? La gente del villaggio era intenzionata ad ascoltare il suo discorso e così decise di compiere un altro tentativo. Si riunirono nuovamente. Vi furono molte proposte, ma nessuna pareva essere quella vincente. Alla fine un anziano si alzò in piedi e disse: 'Qualsiasi cosa rispondiamo sembra essere sbagliato, quindi, la prossima volta che il maestro farà la domanda, non sarebbe meglio se stessimo in silenzio senza dire una parola?' Il suo suggerimento fu accettato da tutti.

"Quando il maestro ritornò, rivolse come al solito la stessa domanda, ma questa volta nessuno rispose. Il silenzio era tale che si sarebbe potuto sentire cadere uno spillo. In quel silenzio profondo il maestro finalmente iniziò a parlare, e le sue parole di saggezza fluirono verso il pubblico".

Al termine del racconto, *brahmachari* Amritatma pensò: "È una bella storia, ma cosa significa? Deve avere un significato più profondo. Se solo Amma ce lo spiegasse…" Prima che avesse finito di formulare la domanda nella sua mente, la Madre si volse verso di lui e disse: "Il significato della storia è che solo nella profondità del puro silenzio possiamo sentire la voce di Dio. Durante la sua prima visita, quando il maestro chiese agli abitanti del villaggio se conoscessero l'argomento che avrebbe trattato, essi risposero: 'Sì, lo conosciamo'. Questa affermazione è dettata dall'ego. Quando si pensa: 'Io so', è l'ego che parla. Quando l'intelletto (la sede dell'ego) è colmo di nozioni, non c'è spazio per nient'altro. La mente che trabocca di conoscenze intellettuali non è in grado di ricevere neppure una goccia della vera conoscenza spirituale. Ecco perché il maestro non parlò la prima volta.

"Durante la sua seconda visita, gli abitanti del villaggio esclamarono: 'No, non sappiamo nulla!' Questa risposta esprime una negazione. Nemmeno una mente chiusa e negativa può ricevere la saggezza suprema. Per ricevere la pura conoscenza, bisogna essere aperti e ricettivi come un bambino innocente.

"La terza volta, essi dissero sì e anche no. Una tale risposta rivela la natura dubbiosa e instabile della mente. Una mente insicura e dubbiosa non è in grado di accogliere la vera conoscenza.

"Infine, quando le persone tacquero, il maestro parlò. Solo quando la mente cessa ogni sua interpretazione possiamo udire dentro di noi la voce di Dio.

"Queste quattro risposte possono essere paragonate a un bicchiere che vogliamo riempire di acqua. La prima risposta: 'Sì, lo conosciamo' è come un bicchiere già pieno fino all'orlo: non c'è spazio per un'altra goccia d'acqua. La seconda: 'No, non sappiamo niente' è come un bicchiere capovolto: non ha senso tentare di versarvi qualcosa. La terza, che racchiudeva due risposte opposte, 'sì' e 'no', può essere paragonata a un bicchiere pieno di acqua mescolata a della terra. L'acqua è divenuta sporca, ha perso la sua purezza. Se si versasse dell'altra acqua, anche quella diventerebbe sporca. La quarta risposta, il silenzio, è come un bicchiere vuoto, non capovolto, che può ricevere e serbare l'acqua della conoscenza.

"Per essere in grado di ascoltare, assimilare e fare proprie le parole di un vero maestro, occorre sviluppare il nostro orecchio interiore. I normali orecchi non sono in grado di udire Dio: agiscono come i comuni ventilatori che spostano aria, lasciando che il suono entri da un orecchio ed esca dall'altro. Ciò di cui abbiamo bisogno è uno speciale orecchio 'interiore'.

"Per assorbire gli insegnamenti di un maestro dobbiamo essere interiormente ricettivi. Per serbarne gli insegnamenti, dobbiamo costruire uno speciale 'grembo'. Una mente rumorosa e piena di parole deve imparare a diventare silenziosa e ad ascoltare con attenzione. Non solo la mente e gli orecchi, non solo una parte di voi deve ascoltare, ma tutto il vostro essere deve essere in ascolto.

Come abbandonarsi

"Sul campo di battaglia, Krishna iniziò a parlare ad Arjuna solo quando questi tacque. Inizialmente, Arjuna era pieno di idee sbagliate, parlava e filosofeggiava continuamente. Quando alla fine si sentì esausto e profondamente impotente, lasciò cadere le armi e rimase accanto a Krishna in silenzio. L'arco e le frecce simboleggiano l'ego di Arjuna – l'intelletto, il senso dell'io e del mio, l'atteggiamento che esprime la convinzione che l'io è in grado di combattere e di vincere. Arjuna lasciò quindi cadere l'ego senza più dire nulla, profondamente disperato. Il suo sapere, i suoi nobili natali, la sua forza e abilità di grande guerriero non gli erano d'aiuto. Ora, tutto ciò che poteva fare era accettare il proprio completo fallimento e ammettere così la sua impotenza davanti a Krishna. Solo allora il Signore parlò, perché a quel punto Arjuna era abbastanza aperto per ascoltare. Questa immobilità silenziosa è lo stato di abbandono. Solo nel silenzio dell'abbandono è possibile il vero ascolto. In quel silenzio interiore, quando tutto l'essere è immobile e tranquillo, si verifica l'abbandono, e tutto questo accade spontaneamente alla presenza di un *Satguru*. Il maestro conduce lentamente il discepolo a questo stato, creando le condizioni necessarie.

"Quando Arjuna chiese di potere guardare i suoi nemici, impazienti di combattere contro Krishna e i Pandava[7], Krishna - l'Essere universale - posizionò deliberatamente il carro in modo che Arjuna vedesse Drona e gli altri guerrieri che amava e rispettava profondamente. A poco a poco il Signore aveva creato varie situazioni che inducessero Arjuna ad abbandonarsi. Metterlo di fronte ai suoi nemici fu un altro anello della catena di circostanze che Krishna creò appositamente; sapeva che questa situazione avrebbe accelerato l'intero processo ed è proprio ciò che successe. Sopraffatto dall'attaccamento e dalla paura nel trovarsi sul campo di battaglia, schierato contro gli avversari tra i quali c'erano i suoi cari amici, congiunti e amati maestri, Arjuna cominciò a vaneggiare, diede sfogo a tutto quello che aveva nell'animo ed espresse tutto il sapere e i valori che aveva appreso nel mondo. Il Signore gli permise di esternare i suoi sentimenti; ben presto Arjuna si sentì esausto, prese consapevolezza dell'illusione in cui era caduto e capì di non sapere come uscire da quella sconcertante situazione. In questo stato di estrema impotenza e disperazione, si abbandonò infine al Signore. Ma lo fece solo dopo aver esaurito tutte le parole. Dal mondo delle parole, Arjuna scivolò in un nuovo mondo di silenzio interiore e poté ascoltare con tutto se stesso le parole di saggezza di Krishna.

"Tutti auspicano di avere successo nella vita. Chi l'ha raggiunto, si augura che questo successo perduri o addirittura aumenti. Alcuni non sono ancora arrivati al vertice, ma ci stanno provando; altri hanno fallito, ma persistono nei loro tentativi sperando di riuscire. Tutte quante queste persone sono molto tese e vivono nello stress e nell'inquietudine. Sia che abbiano fallito o avuto

---

[7] Arjuna e i suoi fratelli.

successo in passato, nutrono molte speranze per il futuro e continuano a pensare al domani. Per loro non sarà facile abbandonarsi perché desiderano continuare a lottare. Chi invece si trova nello stato d'animo di Arjuna non ha altra scelta che abbandonarsi. Si sente talmente sconfitto che, a quel punto, speranza, disperazione, passato o futuro non hanno più importanza. Non può che abbandonarsi.

"Solo un *Satguru* è in grado di condurvi a questo stato; è necessaria la sua presenza perché tutto questo possa accadere. Come fece Arjuna, mettete da parte ogni logica, tutte le interpretazioni e le spiegazioni, perché esse non vi aiuteranno nel momento critico in cui vi renderete conto di avere fallito. Questa sconfitta è la sconfitta dell'ego, la sconfitta del vostro intelletto. Accettate il vostro fallimento e permettetevi di entrare in uno stato di silenzio interiore. In quel silenzio, potrete allora abbandonarvi facilmente.

"È solo dopo i nostri vani tentativi che possiamo davvero abbandonarci. Nonostante gli innumerevoli insuccessi, continuiamo a tentare finché, infine, arriviamo a un punto in cui accettiamo di non avercela fatta e ci rendiamo conto della nostra incapacità di andare avanti. E allora ci abbandoniamo. Continuate pure a tentare: prima o poi, tutti dovranno provare questo sensazione di completo fallimento.

"Tutti gli sforzi provengono dall'ego. Poiché l'ego è limitato, anche la sue capacità sono limitate. Presto o tardi, la totale disfatta e il fallimento sono perciò inevitabili. A questo punto la mente diviene silenziosa e ci si abbandona. Tutto il proprio essere si volge verso Dio. Sono gli sforzi a condurre allo stato finale di fallimento, che a sua volta aiuta ad abbandonarsi.

"Purtroppo abbiamo la forte tendenza a trovare una spiegazione a tutto, non accettiamo mai i nostri insuccessi e troviamo un motivo o un altro per giustificare ogni cosa che facciamo. Qualcuno ha raccontato ad Amma questa storia: un uomo entrò in un ristorante e ordinò il pranzo. Era così affamato che, non appena glielo portarono, cominciò a mangiare voracemente, usando entrambe le mani. Stupito da questo comportamento, il cameriere gli chiese: 'Cosa sta facendo? Perché mangia con tutte e due le mani?' L'uomo rispose: 'Perché non ne ho tre!'"

La Madre continuò: "La maggior parte della gente è come questa persona, non è abbastanza onesta da dire la verità o da ammettere i propri fallimenti. Qualunque cosa accada, cerca sempre di giustificare le sue azioni".

La Madre smise di parlare e guardò fuori dal finestrino della macchina. Era stato un viaggio lungo; erano partiti da Gaberville alle dieci del mattino ed ora erano le cinque del pomeriggio. Si stavano avvicinando al monte Shasta. Per un po' di tempo la Madre rimase a fissare il cielo. A poco a poco apparve il monte, mentre Amma continuava a guardare intensamente un determinato punto, nel cielo o sulla montagna, nessuno potrebbe dirlo.

Monte Shasta

Erano già le sei di sera quando arrivarono. La Madre ricevette un caldo benvenuto da un gruppo di devoti locali. Dopo due ore, alcuni devoti l'accompagnarono in macchina nella città in cui avrebbe tenuto un programma serale che includeva i *bhajan* e il suo darshan. Molte persone erano venute da San Francisco per stare con lei. Una grande folla l'attendeva nella sala del programma, vicino alla piccola sorgente dell'immenso fiume Sacramento. La sua gelida acqua cristallina sgorga dal terreno e porta nel suo corso la neve sciolta dei monti.

Al termine dei *bhajan*, la Madre diede il darshan a tutti i suoi figli. Erano le tre del mattino quando finì di abbracciarli. Nonostante il lungo viaggio e un darshan così lungo, la Madre appariva sempre fresca, come un fiore appena sbocciato.

Quelli che abitavano nei pressi del Monte Shasta conducevano uno stile di vita semplice. Nella zona c'erano solo piccole case rustiche senza elettricità, ma ovunque regnavano il silenzio e la pace. Alle persone locali piaceva vivere lontano dal rumore e dal trambusto della città e preferivano stare nella natura, anche se non godevano di molte comodità.

Il darshan del mattino si svolse all'aperto, su una collina, cui faceva da sfondo la maestosa montagna sacra, testimone silenziosa della bellezza e della grazia della Madre dell'universo che benediva con la sua presenza i piedi del monte. Le persone erano sedute intorno alla Madre nell'aria fresca del mattino, impregnata dal potere della sua presenza. La meditazione segnò l'inizio della giornata, che proseguì con il darshan. Trascorrerla con la Madre in questo incantevole paesaggio fu per tutti un'esperienza memorabile.

Alcuni mesi prima i devoti locali avevano costruito un tempietto dedicato alla Madre ed ora espressero il desiderio che lei vi tenesse il darshan del giorno successivo. Quando Amma acconsentì, i devoti, elettrizzati, passarono l'intero pomeriggio a pulire e ad ampliare l'area davanti al piccolo edificio per permettere a più persone di sedersi.

Il mattino dopo, quando la Madre entrò nel tempio, i presenti batterono le mani e cantarono *Amma Amma Taye*. La gioia che provavano traspariva dal loro volto.

Amma Amma Taye

O Madre,
Madre Divina adorata,
Signora dell'universo
che doni nutrimento a tutte creature,
Tu sei la suprema Energia primordiale.

*Ogni cosa nel mondo accade
secondo il Tuo gioco divino.
Proteggimi, Madre!
Hai generato milioni di creature
senza averle portate nel grembo.*

*O sorella del Signore Vishnu
che cavalca l'uccello Garuda,
o Bellissima!
Sin dalla mia nascita
canto le Tue lodi.
Tu sei la Perfezione,
la Causa primordiale,
la Distruttrice.*

*Madre, Tu sei lo scopo della mia vita!
O Signora dell'universo, non ignorarmi!
Sei la dea Lalita e governi il mondo.
O Madre, se continui a
pormi nelle avversità,
chi altri mi proteggerà?*

*O Madre dagli occhi incantevoli,
sei la testimone onnipresente di ogni cosa.*

*O Madre,
Madre Divina adorata!*

Dopo il rito dell'abluzione dei sacri piedi della Madre, seguito dall'*arati* e dalla meditazione, Amma iniziò a chiamare le persone per il darshan. Una bambina si fece strada tra la folla e le porse un disegno in cui aveva tentato di ritrarla. Proprio sotto il disegno, con un grande scarabocchio infantile aveva scritto: "Ti voglio bene, Amma". La Madre sembrò molto commossa.

Prendendo il disegno, lo avvicinò al viso e lo toccò con la fronte in segno di amore e di rispetto, poi abbracciò la piccola e la prese in braccio. Tenendola stretta, la fece dondolare avanti e indietro con grande affetto.

Quando infine cercò di scioglierla dall'abbraccio e rimetterla a terra, la bambina rifiutò e, con le mani strette attorno alla vita di Amma, esclamò a voce alta: "No, voglio stare in braccio ad Amma!" Questa innocente affermazione provocò molte risate e qualcuno disse: "Sì, è quello che vorremmo fare tutti!" Di nuovo tutti risero. Anche la Madre scoppiò a ridere, mentre la bambina le si accoccolava in grembo chiudendo gli occhi. Alla fine arrivò la mamma che, in modo suadente, riuscì a portarla via.

Esiste solo l'Atman

Un devoto domandò alla Madre: "Amma, ho notato che quando ricevi un'offerta o una lettera dai devoti le porti alla fronte toccandole, come se ti inchinassi davanti ad esse. L'hai appena fatto quando quella bambina ti ha dato il suo disegno. Cosa significa questo gesto?"

La Madre rispose: "Figlio, Amma vede Dio in ogni cosa. Per Amma non c'è nient'altro che Dio, il *Paramatman*. Esiste solo l'*Atman*. Amma vede ogni cosa come parte del tutto, come un'estensione del suo Sé. Quando sperimentiamo tutto come parte di noi stessi, come potremmo ignorare qualcosa? Come potremmo considerare insignificante un essere vivente o persino un oggetto insenziente? In questo stato non esiste l'"altro': la coscienza pervade ogni cosa.

"Solo se ci vediamo come entità separate possiamo ignorare gli altri o pensare che siano insignificanti, perché siamo identificati con l'ego - con la collera, con l'odio, con le critiche, con la gelosia e con tutte le nostre altre qualità negative. Ma quando siamo tutt'uno con il Sé non diamo nessuna importanza ai sentimenti meschini; l'ego non ha alcuna importanza e siamo stabiliti nel Sé, il vero centro dell'esistenza. Avere dimenticato il nostro vero Sé e l'interferenza dell'ego ci fanno percepire l'"altro" come separato da noi. Ora siamo consapevoli solo del nostro piccolo sé, siamo egocentrici. Dobbiamo uscire da questo egocentrismo e centrarci nel nostro vero Sé, nel *Brahman*, nella Coscienza Assoluta.

"Una persona povera si sforza di diventare ricco, una obesa cerca di perdere peso e una ammalata fa di tutto per trovare una cura al suo male. Non c'è dubbio che siamo consapevoli del sé limitato, siamo molto consci del corpo e della sua esistenza fisica, mentre ignoriamo tutto ciò che riguarda il Sé divino che abita all'interno. È questa ignoranza a costituire un problema, non la consapevolezza di avere un corpo. Quando si prende coscienza del Sé illimitato, non ci si identifica più con il piccolo e limitato sé.

"Ci siamo scordati chi siamo, abbiamo dimenticato di essere il vero centro di ogni cosa, il centro di tutto il creato e ci identifichiamo invece con ciò che non è.

Siete il centro di tutta l'opera

"Amma vi racconterà ora questa storia. Si stava svolgendo una grande e meravigliosa festa: tutto andava a gonfie vele e gli invitati si stavano divertendo tantissimo. Verso mezzanotte un pazzo si intrufolò nella casa e si unì agli invitati. Andò dal padrone di casa ed esclamò: 'Che festa noiosa! Che aria pesante!' Continuò a ripetere con insistenza quanto orribile fosse la festa e lo fece in modo così convincente che il padrone di casa cominciò a credergli; scordando quanto si fosse divertito fino ad allora, iniziò a dare ragione all'intruso. Dimenticando persino che l'aveva organizzata lui, disse a quell'uomo: 'Hai ragione, è davvero tremenda. Andiamocene'. 'D'accordo, organizzerò *io* un party strepitoso; sarà la mia festa e tu sarai il mio invitato!' rispose il pazzo, promettendo ogni genere di cose fantastiche, tutte bellissime. Lasciarono insieme la festa e si recarono a casa dell'intruso, che viveva da solo in un luogo tetro, squallido, sporco e senza vita. In preda alle sue manie di grandezza, il folle insistette tuttavia nel cercare di convincere l'ospite che quella casa cupa era una magnifica reggia e che il divertimento sarebbe iniziato da un momento all'altro. 'Tra poco, inizieremo a divertirci', ribadiva. Ma non accadde nulla. All'inizio l'uomo gli credette, ma poi ritrovò il senno e disse: 'Aspetta un momento!' 'Cosa c'è?' chiese l'intruso, allarmato. 'Oh, no! Cosa sto facendo in questo posto orribile? Mi sono dimenticato che avevo organizzato una bellissima festa nella mia casa e di quanto mi stessi divertendo!' Ignorando le proteste dell'intruso, l'uomo uscì e tornò di corsa a casa. Tutti i suoi amici stavano ancora divertendosi e non avevano neppure notato la sua scomparsa. Sorridendo, l'uomo si unì felice a loro.

"L'umanità si trova in una situazione analoga: le persone hanno dimenticato chi sono. Dovremmo vivere nella nostra dimora meravigliosa cui apparteniamo, godere e celebrare lo splendore e la gioia della vita e del creato. Come il padrone di casa della storia, in realtà noi siamo il centro di ogni cosa, ma non ne siamo consapevoli. Qualcosa è andato terribilmente storto: l'ego si è intrufolato, e con le lusinghe ci ha indotto in uno stato di oblio, di incoscienza. Abbiamo dimenticato di essere gli organizzatori di una gloriosa celebrazione e come sonnambuli l'abbiamo abbandonata per partecipare alla festa illusoria dell'ego (il pazzo intruso).

"L'ego è un elemento estraneo: noi siamo i padroni di casa, il fulcro della meravigliosa 'festa' in cui si svolge il gioco della creazione; scordando la verità sul nostro Sé reale, ci siamo erroneamente attaccati all'ego, l'impostore, identificandoci con lui e con le sue interpretazioni distorte.

"Bisogna che ci destiamo da questo torpore e ci rammentiamo di essere i padroni di casa, il centro stesso del creato. Allora anche noi esclameremo: 'Cosa sto facendo qui? Mi ero dimenticato di essere il cuore di quella festa e che quella è la mia casa! Ho anche scordato quanto mi stessi divertendo!' Non perdendo altro tempo, torneremo di corsa a casa e risiederemo nel nostro Sé, pura gioia e beatitudine.

"Da questa nostra vera dimora che è nel Sé, testimonierete ogni cosa. Tutto ruota intorno al Sé e tutto è molto divertente. Stabiliti perennemente nel Sé, osserverete deliziati tutta l'opera.

"Anche gli altri fanno parte del gioco, ma assecondano il gioco dell'ego: immersi nell'ignoranza, sono intrappolati nella morsa del proprio ego e invece di rimanere testimoni restano invischiati e si identificano con quanto accade. Per contro, un'anima risvegliata non si identifica mai con il gioco, sebbene vi partecipi con gioia, e considera tutto ciò che avviene come un gioco della Coscienza infinita. Mentre tutti gli altri agiscono in uno stato di oblio, come fossero dei sonnambuli, chi è centrato nell'Atman è sempre pienamente sveglio e consapevole.

"In questo gioco infinito della Coscienza, di cui Dio è il centro, niente è insignificante. Ogni cosa è pregna del Divino: ogni filo d'erba, ogni granello di sabbia vibra di energia divina. L'anima risvegliata, quindi, ha un atteggiamento di profonda riverenza e di umiltà verso tutto il creato perché, avendo trasceso l'ego, è un nulla, un niente infinito in cui non vi è che la Coscienza divina. Quando abbiamo l'atteggiamento di inchinarci costantemente con umiltà di fronte a tutta l'esistenza, questa esistenza fluisce in noi e facciamo l'esperienza che ogni cosa è parte di noi, nulla è separato.

"Pensate a quanto vi prendete cura di voi stessi. Desiderate nutrirvi con alimenti sani, vivere in una magnifica casa, dormire in un letto comodo, viaggiare su una bella macchina, e non volete che nessuno vi ferisca o vi insulti in alcun modo. Volete essere sempre felici. Vi comportate così perché vi amate e vi prendete cura di voi stessi più di qualsiasi altra cosa. Immaginate adesso cosa accadrà quando diventerete uno con tutto e con tutti. Amerete, rispetterete e vi prenderete cura di tutti e di tutto in modo equanime, con una profondità e con una forza infinitamente maggiori dell'amore che provate per voi stessi."

La Madre iniziò a cantare *Devi Jaganmata*.

Devi Jaganmata

Lode alla Devi, alla Madre del mondo,
la Dea di Energia suprema!

Vergine Eterna
che hai compiuto austerità sulle rive
del mare blu di Kanyakumari,
vieni e concedimi una grazia!

O Madre, la Tua vera natura è Luce
e la Tua mirabile forma
è costituita dalla saggezza, dalla verità,
dall'energia e dalla beatitudine!
Om!
Lode alla Madre dell'universo!

Un darshan fuori programma al Monte Shasta

Il giorno dopo non era previsto nessun darshan. Amma sarebbe dovuta partire in mattinata per San Francisco e da lì, il mattino seguente, avrebbe preso un aereo per il Nuovo Messico. Ma la Madre decise di non sprecare quella giornata e annunciò che avrebbe dato un altro darshan al Monte Shasta. Tutti ne furono entusiasti. Erano infatti tristi per la sua partenza.

Ancora una volta, i devoti allestirono il tempietto per il darshan.

La Madre arrivò alle dieci del mattino. Era una giornata piovosa, così tutti si affollarono nel tempietto, che in breve fu completamente pieno.

Anche se il *Devi Bhava* della notte prima era stato molto lungo, come sempre la Madre appariva fresca e radiosa e trascorse tutta la giornata con le persone. Amritatma, che era seduto vicino a lei, era sorpreso nel vedere quanto si donasse e colmasse ognuno con il suo amore. Tutto il suo essere era presente in quello che faceva. Con ogni sua parola, sguardo, tocco e sorriso, Amma riversava tutta se stessa nelle persone. Non faceva nulla a metà; in ogni momento, ogni sua azione era completa e perfetta.

La gente non staccava gli occhi dai movimenti, dalle parole, dagli sguardi e dal sorriso della Madre. Nessuno riusciva a decidere di andare via.

Per tutto il giorno i genitori andarono da Amma con i propri figli. Era evidente che i bambini l'adorassero: i loro volti splendevano di gioia mentre lei li colmava d'affetto e giocava e scherzava con loro.

A ciascuna persona che si recava da lei, la Madre dedicava un sacco di tempo e di attenzione. Alcune persone le chiedevano di chiarire i loro dubbi sulla spiritualità, altre le domandavano di benedire la propria famiglia o di aiutarli nella loro professione, altri ancora speravano che potesse guarirli. Molti scoppiarono in lacrime tra le braccia della Madre.

Come sempre il canto dei *bhajan* accompagnò tutto il darshan. A volte la Madre cantava un intero *bhajan* tenendo un devoto sul suo grembo. Di tanto in tanto scivolava in uno stato di profondo rapimento. Il tempio era pervaso da una gioia e da una pace straordinaria.

A un certo punto la Madre cantò *Mano Buddhya*.

Mano Buddhya

Non sono la mente né l'intelletto,
non sono l'ego né la memoria,
non sono il senso del gusto
né quello dell'udito, dell'odorato e neppure della vista.
Non sono la terra né il fuoco né l'acqua né l'aria né l'etere,
sono la Pura Coscienza-Beatitudine,
sono Shiva,
sono Shiva.

Non compio azioni corrette né scorrette,
non arreco piacere né dolore,
non sono il mantra né un luogo sacro
né i Veda e neppure il sacrificio.
Non sono l'atto del mangiare
né colui che mangia, né il cibo stesso.
Sono la Pura Coscienza-Beatitudine,
sono Shiva,
sono Shiva.

Non sono soggetto a nascita né a morte
né a paura;
non faccio nessuna distinzione di casta;
non ho padre né madre
né amici né compagni.
Non ho guru
né discepoli.
Sono la Pura Coscienza-Beatitudine,
sono Shiva,
sono Shiva.

Non ho forma,
non sono i moti della mente.

Sono Quello che tutto pervade.
Pur essendo onnipresente
sono oltre i sensi.
Non sono la salvezza
e nemmeno ciò che può essere conosciuto.
Sono la pura Coscienza-Beatitudine,
sono Shiva,
sono Shiva.

Un devoto andò dalla Madre chiedendole di dargli un *mantra*. Lei glielo impartì e poi, accogliendo la sua richiesta, parlò del mantra.

Il mantra

"Figli!", disse la Madre, "quando Amma vi dà un mantra, pone in voi il seme della spiritualità e trasmette una parte di se stessa nel vostro cuore. Dovete però coltivare quel seme attraverso la meditazione, la preghiera, la recitazione regolare del vostro mantra, e non tralasciare mai la vostra pratica. Vi dovete impegnare seriamente.

"Il modo naturale di ottenere lo yogurt è aggiungere un cucchiaio di yogurt a del latte tiepido. Dopo aver unito la coltura, lasciate riposare il latte per qualche tempo affinché si trasformi in yogurt. Allo stesso modo, Amma vi ha trasmesso una parte di se stessa. Ora dovete 'lasciar riposare il latte' e raggiungere uno stato di quiete interiore con la ripetizione costante del mantra e con altre pratiche spirituali. Tutto il vostro essere verrà così trasformato e voi realizzerete la vostra natura divina".

Un ragazzo la interruppe dicendo: "Amma, in passato, prima di impartire un mantra, un maestro spirituale sottoponeva un potenziale discepolo a rigorose prove. Tu però ti comporti diversamente. Perché ci dai un mantra senza prima verificare se siamo idonei?"

La Madre sorrise e rispose: "Semplicemente perché Amma vi ama! Come può una madre rifiutare di aiutare i suoi figli? Per quanto immaturi, lei può provare solo compassione per loro. Figli, voi siete figli di Amma, e Amma vuole che tutti i suoi figli raggiungano la meta finale. Questa è la ragione per cui vi dà un mantra. Non occorre analizzarne il motivo. La semplice ripetizione del mantra vi porterà alla realizzazione.

"La forza vitale di un maestro perfetto è stata sublimata ed è completamente pura. Una tale Anima è priva di desideri passionali, è come un immenso trasformatore in grado di trasmettere agli altri infinita energia. Ricevendo l'iniziazione al mantra, assorbite un po' del potere spirituale del maestro. Svolgendo la *sadhana* diventate quella pura 'Essenza'. In altre parole, divenite come il Maestro o diventate un tutt'uno con lui.

"Il mantra conferito da un satguru vi farà giungere allo stato di *Paramahamsa*[8] (cigno supremo)."

Mentre Amritatma traduceva in inglese, pronunciò erroneamente la parola "swan" (cigno) e sembrò che dicesse "swine" (maiale); quindi tutti si stavano chiedendo cosa volesse dire la Madre. Quando Amritatma vide i loro visi confusi, ripeté la parola parecchie volte. "Maiale? Cosa intendi dire?" gli domandarono. Qualcuno disse: "Vuoi forse dire porco?" Amritatma disse: "No! No!". Alla fine qualcuno capì ed esclamò: "Oh, vuoi dire cigno!" Quando tradussero il malinteso alla Madre, lei rise così tanto che tutto il suo corpo era scosso dalle risate.

A questo punto quasi tutti nella tenda avevano deciso di chiedere il mantra, e la Madre fu pronta a esaudire il loro desiderio. Quando tutti l'ebbero ricevuto, lei proseguì il discorso.

---

[8] Lo stato finale è rappresentato simbolicamente da un cigno. Si dice che il cigno sappia estrarre il latte dall'acqua mescolata al latte. Questa metafora indica lo stato supremo in cui si è in grado di discernere tra l'*Atman* e l'*anatman*, tra il Sé eterno e il corpo e il mondo esterno, entrambi perennemente soggetti alla trasformazione.

"Iniziate recitando il mantra silenziosamente, muovendo le labbra, poi ripetetelo mentalmente. In seguito, accompagnate ogni vostra inspirazione ed espirazione con il mantra, sino a quando tutto questo diviene spontaneo e continuo. Alla fine raggiungerete uno stato di meditazione nel quale la mente è calma; a questo punto la ripetizione del mantra (*japa*) cesserà spontaneamente".

"Ma Amma, dove troviamo il tempo per ripetere il mantra con tutti i nostri impegni?" domandarono.

La Madre rispose: "Figli, se avete la determinazione e lo desiderate sinceramente, in qualche modo troverete tempo sufficiente. Dovete solo essere pazienti. Amma vi racconterà una storia.

"Un uomo d'affari molto occupato era sempre teso e inquieto. Nessuno dei metodi impiegati per cercare di calmare la mente sembrava funzionare. Un giorno vide un sant'uomo seduto sotto un albero e decise di avvicinarlo per un consiglio.

"Inchinandosi umilmente davanti al maestro disse: 'Venerabile, la mia mente è piena di tensione, non trovo pace. Vi prego, ditemi cosa posso fare per trovare la felicità'.

"Il saggio rispose: 'Cerca di svolgere qualche pratica spirituale mattina e sera'.

"'Ma come posso trovare il tempo per queste cose?' esclamò l'uomo d'affari. Così dicendo, estrasse dalla tasca un mazzo di chiavi e facendole dondolare davanti al maestro, disse: 'Guardate quante chiavi ho! Ognuna di esse rappresenta una infinità di compiti da svolgere. Vi prego dunque di indicarmi un sentiero più facile'.

"'D'accordo, allora ti inizierò al mantra. Devi solo cercare di ripeterlo alcune volte al giorno'.

"'Ma non ho abbastanza tempo libero nemmeno per quello! Non c'è un metodo più facile?' insistette l'uomo d'affari.

"'Quanto è lontana la tua camera da letto dal bagno?', chiese il *Mahatma*.

"Perplesso per questa strana domanda, l'uomo rispose: 'Circa quindici metri'.

"'In questo caso, sono sicuro che non hai impegni quando percorri il breve tratto verso il bagno. Al mattino, cerca di ripetere il mantra almeno per quei pochi secondi'. E dopo queste parole, il saggio gli impartì l'iniziazione.

"Il mattino dopo, quando l'uomo si alzò, si ricordò di recitare il mantra mentre andava in bagno. Poi, mentre si lavava i denti, pensò: 'Anche adesso posso ripeterlo qualche volta'. Fece lo stesso anche mentre si lavava, si vestiva e si dirigeva al lavoro in auto. In effetti, si rese conto che era spesso libero durante il giorno e poteva ripetere il mantra alcune volte. Col passare dei giorni, riuscì a trovare sempre più tempo per recitare il mantra, finché divenne un'abitudine ripeterlo ovunque fosse e qualunque cosa stesse facendo. Questa pratica ebbe un grande effetto su di lui, lo trasformò completamente; l'uomo trovò la pace interiore tanto desiderata e anche i suoi affari migliorarono notevolmente.

"Alcune persone vogliono sapere il significato dei mantra, ma quando state viaggiando in aereo non è necessario conoscere il metallo con cui è stato costruito l'aereo né come funzioni la strumentazione a bordo e neppure il nome del pilota. Tutti questi dettagli sono superflui. Ciò che più importa è arrivare a destinazione. Con la semplice ripetizione del mantra raggiungerete la meta finale.

"Lo scopo supremo della vita è realizzare il Sé. Prendendone coscienza, dobbiamo cercare di capire la natura effimera del mondo e poi, con fede, determinazione e piena concentrazione ripetere il mantra in ogni momento possibile.

"State cercando di attraversare l'oceano della trasmigrazione, il ciclo di nascita e morte. Il mantra è il remo della barca, lo strumento che usate per attraversare il *samsara* della vostra mente irrequieta e le infinite onde dei suoi pensieri.

"Si può anche paragonare il mantra a una scala per giungere alle vette della realizzazione di Dio.

"Il mantra può essere recitato ovunque e in qualunque momento. Dovreste ripeterlo sempre, anche in bagno. Se lo recitate costantemente, visualizzando la divinità del mantra, acquisirete gradualmente gli attributi di quella divinità".

"Amma, possiamo visualizzare la tua forma? "chiesero alcuni.

"Potete farlo, se volete. Amma sarebbe felice se centinaia di persone diventassero come lei, perché potrebbe in tal modo servire molta più gente nel mondo" rispose la Madre.

"Tutti i vostri pensieri scorrono attraverso di me"

Era ormai pomeriggio inoltrato. *Brahmachari* Amritatma era esausto e cominciava ad essere irrequieto. Era stato impegnato per tutto il giorno senza mai fermarsi, traducendo le domande che avevano rivolto alla Madre e le relative risposte. Aveva anche dato le istruzioni a coloro che avevano ricevuto un mantra. Amma non mostrava invece alcun segno di fatica. Sorrideva felice, luminosa e piena di un amore e di un'energia inesauribili. Amritatma avrebbe voluto dirle: "Amma, adesso basta! Sono le quattro. Perché non ti fermi?" Mentre aveva questo pensiero, la Madre si voltò verso di lui e disse: "Come può Amma fermarsi quando i suoi figli implorano il suo aiuto? Figlio, dovresti abbandonarti e accettare, poiché solo così si trova la vera gioia".

Dopo averlo guardato per un attimo, Amma disse: "Figlio, ogni pensiero dei miei figli scorre attraverso di me".

Finalmente, alle cinque del pomeriggio la Madre terminò di dare il darshan e si alzò. Ma prima di partire rimase ancora qualche minuto nel tempio a chiacchierare con i presenti. Le persone erano piene di gratitudine per la compassione che la Madre mostrava.

Infine, alle cinque e un quarto Amma se ne andò e, dirigendosi verso il pulmino cantò *Shiva, Shiva, Hara, Hara.*

Shiva, Shiva, Hara, Hara

O Fonte di buon auspicio
che distruggi ciò che non è reale,
sei vestito di nuvole.
Il Tuo aspetto è incantevole
e suoni il tamburello 'damaru'.

Impugni il tridente,
doni il coraggio e lo stato di essere senza paura,
hai i capelli arruffati
e il corpo cosparso di cenere.

Indossi una ghirlanda composta di cobra
e una collana di teschi umani.
Porti una falce di luna crescente sulla fronte
e i Tuoi occhi sono pieni di compassione.

O Fonte di buon auspicio,
Distruttore,
Grande Dio.

Quando la Madre salì sul pulmino, tutti vi si affollarono intorno per poterla guardare un'ultima volta. Quando il pulmino si allontanò stava ancora piovendo, così come aveva fatto tutto il giorno; non era una pioggia grigia e tetra, ma un allegro acquazzone che sembrava scendere danzando sul terreno. Era come se la natura rispecchiasse l'atmosfera di gioia e di festa attorno alla Madre, imitando giocosamente la discesa della sua grazia con gocce di pioggia continue e luccicanti.

Santa Fe

Il quattro giugno, la Madre arrivò nel Nuovo Messico, dove avrebbe trascorso circa due settimane dando il darshan a Santa Fe e a Taos. A Santa Fe, Amma fu ospite di Steve e Kathy Schmidt, che vivevano appena fuori città, in campagna.

Amma ricevette le persone nel soggiorno della loro casa. Nonostante non fossero molte, il suo darshan durò parecchie ore.

Come guarire le ferite causate dal passato

Un giovane andò dalla Madre e le fece questa domanda: "Amma, molti occidentali sono stati feriti e disillusi da alcuni guru giunti in Occidente; nel nome della spiritualità e dell'importanza dell'abbandono di sé, questi guru hanno sfruttato gli uomini e le donne che li avevano avvicinati con sincerità in cerca di qualcuno che li guidasse. Li hanno sfruttati economicamente, sessualmente ed emotivamente. Molti hanno perduto la propria fede nei guru e nella spiritualità a causa di ciò che è successo. Amma, come possono queste persone recuperare la fede e superare le paure e i sospetti? Come si può riaccendere la loro fede in un guru?"

La Madre rispose: "Solo la presenza di un maestro realizzato può guarire le ferite profonde del cuore, inferte da un falso guru. Anche se avete frequentato un sedicente guru che vi ha fatto del male, non dovreste mai perdere la fede o la speranza. Amma vi può assicurare che il tempo e l'energia che avete dedicato alla vostra *sadhana* non sono stati sprecati. Il potere acquisito grazie alle vostre pratiche spirituali è ancora presente perché, a differenza dei guadagni materiali, ciò che avete ottenuto attraverso la vostra *sadhana* non può andare perso.

"Quando i vostri sentimenti feriti affiorano, si manifestano attraverso la collera, l'odio, l'ansia e i sensi di colpa. Se non siete guariti dai vostri traumi interiori, queste tendenze negative si accumulano e diventano sempre più evidenti.

"Sfortunatamente, molti aspiranti sinceri sono stati profondamente feriti da dei cosiddetti guru. Amma comprende quanto sia difficile per un ricercatore che è stato ferito o ingannato fidarsi di qualcuno. Una completa perdita di fiducia non è però la soluzione perché aumenterà la negatività, che genererà a sua volta ulteriore paura e ansia. Se un aspirante traumatizzato dovesse incontrare un *Satguru*, un essere veramente realizzato, la semplice presenza, il tocco, lo sguardo e le parole del *Satguru* potrebbero risanare le sue ferite interiori, per quanto profonde.

"Figli, molti di voi hanno profonde ferite interiori e hanno molto dolore. Queste ferite e questo dolore danno agli altri il potere di ferirvi. Le parole e la conoscenza intellettuale non possono guarirvi; solo l'amore incondizionato e la compassione che riceverete in presenza di un maestro perfetto sono in grado di farlo. Vi verrà data anche la forza necessaria per evitare che qualcuno vi faccia ancora del male. Non essendo più vulnerabili a causa delle ferite psicologiche, nessuna persona o situazione avrà il potere di danneggiarvi.

"Prima che le circostanze non abbiano più alcun effetto su di voi, dovete impegnarvi a rimuovere il vostro dolore e i vostri sentimenti feriti. Non potete compiere tutto questo da soli. Siete come un malato che non conosce sufficientemente il male che l'ha colpito e la sua cura. Avete bisogno di un terapista esperto che sappia penetrare profondamente nella vostra mente e vedere con chiarezza i vostri problemi e rimuoverli. Una persona dotata soltanto degli occhi fisici non può aiutarvi. Solamente qualcuno il cui occhio interiore è aperto può guarirvi, e quella persona è il *Satguru*.

"Se pensate di non riuscire più ad avere fiducia in nessuno a causa delle vostre esperienze passate con un falso guru, chi ci perderà? Non il vero maestro, che è pronto ad aiutarvi; per lui non fa differenza se voi vi abbandoniate oppure no. Essendo perfettamente completo, non ha nulla da guadagnare o da perdere. Il *Satguru* non ha bisogno di essere lodato o adorato, non desidera alcuna fama né vuole avere dei discepoli. Questo Maestro è la persona più ricca perché in lui è racchiuso l'universo: è il Signore dell'universo. La sua presenza crea nella vita del discepolo una serie di circostanze che lo inducono a cambiare. In tutto questo non c'è costrizione né richieste da parte del maestro. Se avrete fiducia in lui, ne trarrete un gran beneficio; ma se non vi fidate, rimarrete semplicemente come siete.

"Immaginate di passare vicino a un giardino pieno di fiori meravigliosi. Mentre li guardate, ricevete una piccola parte della loro bellezza e del loro profumo. Se invece di fermarvi ad ammirare il giardino lo ignorate e proseguite, chi avrà perso una tale occasione? I fiori non hanno niente da guadagnare o da perdere, siete voi che avete perso ciò che avrebbe potuto essere una bellissima esperienza. Sia che vogliate goderne oppure no, i fiori continueranno a esprimere la loro bellezza, offrendosi spontaneamente al mondo, senza desiderare di essere lodati o adorati.

Non si può perdere completamente la fede

"Mi chiedi come ripristinare la fede in coloro che l'hanno persa a causa delle amare esperienze avute con altri guru. Figli, non potete perdere completamente la fede, si può perdere la fede in qualcuno o in qualcosa, ma non la fede in sé.

"La maggior parte delle persone, anche dopo queste amare esperienze, decide di proseguire la propria vita. Forse non ha più fiducia nella spiritualità e nei maestri spirituali, ma non nella vita; continua infatti a condurre normalmente la propria vita, andando al lavoro e formando a volte una famiglia. Quindi, ci sono ancora molte cose in cui crede.

"Poche persone ritengono la spiritualità una parte importante della loro esistenza e ancora meno sono quelle che la considerano il modo di vivere, l'essenza della vita stessa. Le esperienze traumatiche di cui hai accennato nella tua domanda sarebbero state un duro colpo per chiunque. Tuttavia, vi sono ricercatori che hanno la forza mentale, il coraggio e la comprensione spirituale di superare lo shock iniziale e la delusione, capiscono che quel cosiddetto guru non era un vero maestro, e che hanno commesso lo sfortunato errore di fidarsi di lui. Dopo un'esperienza simile, profondamente dolorosa, l'aspirante sincero sviluppa un intuito spirituale che l'aiuta a comprendere la realtà dei fatti e poi si allontana dal sedicente guru per cercare un maestro perfetto che lo conduca alla meta: realizzare Dio.

"Un tale ricercatore troverà certamente un vero maestro, o meglio, il maestro troverà lui. Il maestro apparirà nella sua vita, senza che lui abbia bisogno di cercarlo, attratto dalla sincerità del discepolo e dal suo desiderio intenso di Dio. È inevitabile che accada.

"Per un ricercatore autentico, la spiritualità non è un aspetto marginale della vita, ma è parte integrante di lui, come il suo stesso respiro. La sua fede è incrollabile. Niente può distruggere la sua fede nel poter realizzare Dio, o nei grandi maestri che sono stabiliti in quello stato.

"Perfino quelli che sono stati ingannati da un falso guru e che reagiscono allontanandosi dal sentiero spirituale non hanno perso completamente la fede. La sete di conoscere Dio e di stare alla presenza di un vero maestro è ancora dentro di loro. Potrà restare nascosta per qualche tempo, ma affiorerà certamente al momento giusto, forse quando vedono una foto o sentono parlare di un grande *Satguru*, o incontrano un essere realizzato. In passato, in

questa vita o in una precedente, devono aver assaporato la beatitudine di Dio e serbano in loro il ricordo di quell'esperienza,
pronta a emergere al momento giusto.

"Se non credete più nei maestri spirituali è perché non credete che la spiritualità sia davvero necessaria, che sia un fattore
indispensabile della vita. Forse pensate di poter vivere senza – e
ovviamente, in una certa misura, potete – ma, facendolo, la vostra
vita perderà incanto, ricchezza, gioia e significato.

"Immaginate di avere subito una grave perdita finanziaria.
Abbandonerete ogni speranza e rimarrete inoperosi per il resto
dei vostri giorni? No, cercherete in qualche modo di rimediare
adottando metodi più efficaci per gestire i vostri affari. Forse
all'inizio sarete amareggiati, ma poi vi rialzerete e ricomincerete
da capo. Dovete farlo perché è una questione di sopravvivenza, è
un bisogno molto reale. Così ritroverete la vostra fede e andrete
avanti. Perché le persone non hanno lo stesso atteggiamento verso
la spiritualità e i maestri spirituali? Se capita loro di subire una
delusione sul sentiero spirituale, perché non hanno più l'impulso
di proseguire la ricerca? Perché non credono fino in fondo che
la spiritualità è una questione esistenziale. La maggioranza della
gente ha l'impressione che se non si ha più fiducia nei princìpi
spirituali è comunque possibile vivere senza, e che tale vuoto non
creerà gravi problemi.

"Forse in passato credevate nella spiritualità e vi siete fidati
di qualcuno che ritenevate un vero maestro. Sfortunatamente, le
esperienze negative vissute vi hanno fatto perdere la fede e ora vi
sembra che questa fase della vita si sia conclusa per sempre. Ma
non è morta, una piccola parte è sopravvissuta e, presto o tardi,
da questo 'angolo verde' ancora vivo rispunterà il germoglio della
spiritualità. Questo accadrà solo se incontrate un *Satguru*, che
ravviverà la vostra fede e guarirà le ferite e la sofferenza dovute
alle esperienze passate.

"Figli, se all'inizio la vostra fede in Dio e nella spiritualità era sincera e innocente, essa ritornerà, a prescindere da ciò che avete patito.

"Amma ha incontrato tante persone che hanno avuto esperienze dolorose con falsi guru, tali da scuotere le fondamenta della loro fede, ma che hanno poi riacquistato fiducia e ritrovato l'entusiasmo di proseguire nella *sadhana*. Amma sa che molte di loro sono qui oggi. Figli, la fede in Dio o in un *Satguru* è la sola via che può rendervi felici e soddisfatti, e che rende la vostra vita una festosa celebrazione.

"Se ci pensate, è una forma di pregiudizio credere che tutti i maestri spirituali siano fasulli a causa della brutta esperienza che avete avuto con una particolare persona. Immaginate di andare in biblioteca: appena entrate, prendete un libro da uno scaffale, e il caso vuole che si tratti di un pessimo romanzo. Reagite uscendo dalla biblioteca, esclamando: 'Ahimè, tutti i libri di questa biblioteca sono proprio inutili!' Forse la biblioteca ha anche degli ottimi libri, ma il vostro giudizio affrettato vi impedisce di scoprirli e di goderne la lettura.

"Oppure, immaginate di andare in piazza e di entrare in un negozio. Vorreste comprare del latte, ma purtroppo siete entrati per sbaglio in un negozio che vende alcolici. Uscite, vi dirigete subito verso la vostra auto e vi allontanate dicendo tra voi: 'Che cosa tremenda, tutti i negozi di questa zona vendono alcolici!' Non è sciocco un tale comportamento? Non siate troppo precipitosi nel giudicare o nel saltare alle conclusioni. Siate calmi e pazienti, usate la vostra facoltà di discernimento e rimanete aperti per non perdere molte grandi occasioni nella vita, tante esperienze preziose".

Un Satguru è oltre tutte le vasana

Dopo un breve silenzio meditativo, le venne posta un'altra domanda.

"Amma, come può un maestro spirituale, che si presume sia al di là di tutte le *vasana* (desideri o tendenze), avere desideri sessuali?"

La Madre rispose: "Un vero maestro spirituale ha trasceso la mente e l'ego e ha trasformato l'energia sessuale in puro *ojas* (energia vitale), che usa per il bene ultimo del mondo. Un *Satguru* è passato dal centro energetico sessuale, che è il più basso dell'esistenza, a *Sat-Cit-Ananda*, al centro energetico più elevato.

"Tutti i desideri esistono nella mente. Una volta che la mente è dissolta, non ci sono più desideri, non ne resta neppure una traccia. I cosiddetti guru che sfruttano sessualmente o in altri modi i propri discepoli, o che cercano di imporre alle persone le proprie idee, non sono veri maestri. Al contrario, sono ancora fortemente identificati con la mente e con i loro desideri. Un vero maestro aiuterà i discepoli a trascendere le proprie *vasana*. Il suo intento è liberarli dalla morsa dei piaceri fugaci e degli oggetti del mondo. Il maestro insegna al discepolo, che fino a quel momento dipendeva dagli oggetti esterni per la sua felicità, a diventare *indipendente* e a trovare nel suo stesso Sé la felicità e l'appagamento. Tuttavia, per poter guidare il discepolo da uno stato di asservimento alla libertà, lui stesso non deve essere preda delle *vasana*, ma deve essere libero da ogni identificazione con la mente e i suoi desideri. Come può elevare i discepoli se lui stesso è ancora schiavo della mente e di tutti i suoi capricci e le sue fantasie?

"Un *Satguru* vive nel mondo con l'intento altruistico di condurre gli altri fuori dall'oscurità. Ogni sua parola e azione fornisce ai discepoli e ai devoti un esempio da seguire. Questo Maestro è un testimone vivente di tutte le sacre Scritture del mondo, la personificazione di tutte le qualità divine, come l'amore, la purezza, l'abnegazione, la pazienza e il perdono. I grandi maestri del passato ci hanno indicato con chiarezza le caratteristiche e le qualità che possiede un vero maestro, in modo che non sia possibile confondersi o cadere nell'inganno".

Una volta acquisito, il vostro potere spirituale non può andare perduto

"Amma, tu hai detto che il potere spirituale generato attraverso la *sadhana* non può andare perso e che resta per sempre con noi. Ma cosa succede a chi abbandona il sentiero? Se, ad esempio, improvvisamente abbandona il celibato o ha esplosioni di collera non perde forse l'energia accumulata?"

La Madre rispose: "Figli, quando accadono cose simili, non pensate di avere dissipato il potere spirituale ottenuto impegnandovi duramente. Avete semmai creato un altro potente ostacolo al progresso spirituale, che rafforzerà le *vasana* esistenti.

"Lo scopo della *sadhana* è ridurre le *vasana* e non aggiungerne altre. Arrabbiandovi, non distruggete il potere acquisito con la pratica, ma consolidate i vostri tratti negativi. Creando più negatività, il viaggio verso la realizzazione del Sé diventa più lungo, perché ora avrete bisogno di un ulteriore sforzo per distruggerla.

"Figli, non c'è motivo di perdere la fede o di sentirsi delusi: l'energia spirituale generata dalla *sadhana* resta con voi. Non si possono distruggere né gli sforzi né il frutto delle vostre azioni. Praticare anche solo per un secondo produce del merito che non verrà mai cancellato. Ora dovete impegnarvi e proseguire. Non disperate, quindi, non perdete la fede né l'entusiasmo.

"Nel mondo, ci sono due modi in cui le cose potrebbero andare storte nella vita: ciò per cui vi siete impegnati viene completamente distrutto, oppure il corso degli eventi prende una piega opposta alle vostre aspettative. Nel primo caso, supponete di aver coltivato del riso: avete lavorato duramente e fatto tutto il necessario per avere un buon raccolto. Le pianticelle stanno crescendo vigorose e vi aspettate una messe copiosa. Ma la notte prima della mietitura una violenta tempesta si abbatte sul raccolto e lo distrugge completamente. Ora dovete ricominciare daccapo, riprendere a seminare e a coltivare le piantine.

"Nel secondo caso, avete iscritto vostro figlio all'università e vi aspettate che studi seriamente, prenda voti alti e sia promosso con onore. Le vostre attese vengono deluse quando il ragazzo inizia a frequentare cattive compagnie e non si preoccupa neppure di presentarsi agli esami; alla fine viene espulso e finisce per rovinarsi la vita. Le cose possono dunque svolgersi diversamente da ciò che vi aspettavate. Tutto questo però non succede in ambito spirituale: il potere ottenuto praticando anche solo per un minuto non andrà mai perso né distrutto: resterà in voi e non scomparirà né andrà disperso nemmeno dopo molte vite. Contrariamente agli sforzi per conseguire fini materiali, la ricerca spirituale non è mai vana e gli atti compiuti daranno inevitabilmente dei frutti.

"Dedicare del tempo a ricordare Dio o a svolgere la *sadhana*, anche solo per pochi istanti, non è mai sprecato. Il merito acquisito resterà in voi e immancabilmente affiorerà come un seme non ancora germogliato, ma ancora fresco e vitale. Pregare Dio con fede sincera e abbandono anche per un solo secondo produrrà senz'altro buoni frutti. I momenti in cui vi ricordate di Dio saranno custoditi dentro di voi e si manifesteranno al momento opportuno.

"Figli, rimanete sull'autobus finché non giungete a destinazione. Mentre viaggiate, potreste vedere magnifici paesaggi ed essere attratti da diverse scene. Guardateli pure con piacere, se volete, ma restate sull'autobus. Ricordate sempre la vostra meta. Una volta arrivati, potrete scendere dall'automezzo perché i mezzi (la fede o la religione) che vi hanno condotto fin lì ora sono superflui: siete andati al di là. Mentre siete nell'aldilà, se volete potete ritornare nel mondo per elevare gli altri. Non siete comunque costretti a tornare, potete semplicemente dissolvervi nell'infinito".

A Taos, la Madre fu ospite di una donna che aveva un labrador nero e due pappagalli. Alla Madre piaceva giocare con il cane. Come tutte le creature, anch'esso era molto attratto da Amma e correva da lei non appena la vedeva. La Madre lanciava un bastone in giardino e l'animale si precipitava a recuperarlo, dimenando freneticamente la coda quando lo riportava, per essere ricompensato da una sua deliziosa risata e da un'affettuosa carezza.

I due pappagalli vivevano in una gabbia posta vicino all'ingresso della casa. Quando tornava dal darshan, la Madre si fermava vicino alla gabbia e parlava agli uccelli mentre porgeva loro una manciata di noccioline. Li guardava con grande compassione e diceva: "So quanto sia doloroso per voi stare in gabbia e quanto desiderate essere liberi e volare nel cielo cui appartenete".

Amma non sopporta vedere degli uccelli in gabbia. Durante una visita al suo ashram nell'isola della Réunion, Swami Premananda, il monaco locale responsabile dell'ashram, le mostrò con orgoglio una piccola voliera che conteneva diversi pappagallini ricevuti in dono. Invece di gradire questo regalo, la Madre si sentì spezzare il cuore nel vedere queste piccole creature rinchiuse che volavano da una parte all'altra della voliera e disse allo *swami* che in nessun ashram di Amma si sarebbero mai dovuti rinchiudere gli uccelli in una gabbia. La Madre disse: "Ascolta, figlio mio, un *sannyasi* dovrebbe provare grande empatia verso tutte le creature e percepire il dolore e la tristezza non solo degli esseri umani, ma anche degli animali, degli uccelli, delle piante e di ogni altro essere del creato. Questi uccellini stanno soffrendo; appartengono al loro mondo. Noi li abbiamo privati della libertà, estremamente importante per loro".

Comprendendo il suo errore, Swami Premananda chiese perdono alla Madre e qualche giorno dopo li lasciò liberi.

Boulder

Badate al presente, non al passato

Un uomo avvicinò la Madre e le chiese: "Madre, potresti parlarmi della mia vita passata?"

La Madre lo batté affettuosamente sulla schiena e disse: "È il presente che deve essere risolto, non il passato. Ciò che accade ora è molto più importante di quello che è avvenuto prima. Soltanto prendendoti cura del momento presente tutte le tue domande e i tuoi problemi avranno fine. Non ha senso guardarsi indietro e cercare di scoprire qualcosa sulle vite precedenti; non è importante. Nella tua vita attuale ogni cosa è frutto del passato. Affronta il presente, fai del tuo meglio in ogni momento e andrà tutto bene.

"Stai già portando un fardello pesante. Hai un enorme peso di cui sbarazzarti. Venendo a conoscenza delle tue vite precedenti, non faresti altro che appesantirlo ulteriormente. Amma potrebbe dirti chi eri, ma non lo farà, poiché ti farebbe solo del male e non servirebbe a nulla. Amma non farà né dirà nulla che possa ferire i suoi figli. Il suo scopo è di aiutarvi a crescere e ad aprirvi, non di chiudervi ancora di più.

"Immagina che Amma ti parli della tua vita precedente, ti dica chi eri, cosa facevi, e così via. Cosa accadrebbe se tu venissi a scoprire che alcune delle persone che ora sono con te, che ti sono vicine, ti hanno fatto del male in una vita passata? Ne saresti inutilmente turbato.

"Una persona potrebbe scoprire che il proprio marito o la propria moglie l'ha ferita profondamente in passato o che ha odiato qualcuno per cui ora nutre molto affetto. Perché vorresti venirne a conoscenza? Sarebbe solo distruttivo.

"Anche se Amma conosce tutto delle tue vite precedenti, preferisce non rivelarle. Sei venuto da Amma per curare le ferite del passato, non per crearne altre. Il solo scopo di un *Satguru* è aiutarvi a uscire dal pantano del passato, non a entrarvi più profondamente. Il passato è la causa della vostra sofferenza. Il maestro farà in modo che non dobbiate più soffrire e andiate oltre ogni dolore.

"Amma ha conosciuto una donna cui un medium aveva rivelato di avere provocato la morte del marito in una vita precedente. Il medium le aveva detto che per errore aveva dato al marito la medicina sbagliata, che l'aveva ucciso all'istante. Questa notizia aveva fatto enormemente soffrire la donna, che era poi finita per cadere in un esaurimento nervoso. Se questo è dunque l'impatto che il passato può avere su di noi, perché dovremmo conoscerlo? In passato sono certamente accaduti molti lieti eventi, ma le persone hanno la tendenza a rimuginare sui fatti dolorosi e deprimenti invece che su quelli piacevoli.

"Affinché un essere umano si trasformi e trascenda ogni imperfezione e limitazione, occorre che il suo passato muoia. Tutti possono riuscire a farlo se hanno la giusta determinazione. Dimenticate chi eravate e cosa potete aver fatto precedentemente. Focalizzatevi su cosa vorreste *essere* e poi, mentre vi state impegnando a fondo per raggiungere l'obiettivo, lasciate andare anche il futuro. Chi o cosa voi possiate essere stati fino ad ora ha poca importanza. Il passato può essere paragonato a un cimitero, e non sarebbe saggio vivere in un luogo simile, vero? Dimenticate il passato. Ricordatelo solo quando è davvero necessario, non dimoratevi.

"La storia di Valmiki, il primo poeta che scrisse la grande epopea *Srimad Ramayana*, è un buon esempio di come sia possibile morire completamente al passato, per quanto negative possano essere state le proprie azioni.

"Ratnakaran era un bandito che per mantenere la moglie e i tre figli derubava i viandanti che attraversavano la foresta in cui viveva. Era un uomo spietato, che non aveva mai pensato a Dio né si era mai posto questioni morali né etiche.

"Un giorno, i sette *rishi* (grandi santi) arrivarono nella foresta e, come sempre, Ratnakaran balzò di fronte a loro brandendo un coltello e minacciando di ucciderli se non gli avessero consegnato tutti i beni. I *rishi*, che avevano realizzato l'*Atman* imperituro e dimoravano nella Verità Suprema, non rimasero turbati dalle minacce del brigante né persero la loro serenità. 'Non abbiamo paura della morte. Ti daremo quello che vuoi, ma prima di consegnarti ogni cosa, desidereremmo che rispondessi a una sola domanda' gli dissero. Ratnakaran acconsentì. I santi gli chiesero il motivo che lo spingeva a compiere tutti quei crimini. 'Lo faccio per mia moglie e per i miei figli'. I santi gli chiesero: 'Tua moglie e i tuoi figli sono disposti a prendere su di loro una parte dei tuoi peccati?' Sconcertato, Ratnakaran decise di andare dai suoi famigliari e porre loro questa domanda. I *rishi* gli diedero la parola che non si sarebbero allontanati prima del suo ritorno. L'uomo corse a casa e chiese alla moglie se era disposta a condividere le conseguenze delle cattive azioni che compiva per procurarle il necessario. Lei rispose: 'No! Tu solo dovrai soffrire per i frutti delle tue azioni!' Ratnakaran si rivolse allora ai figli, sperando che almeno loro fossero solidali con lui, ma tutti rifiutarono di accollarsi una parte dei suoi peccati. Profondamente scioccato, l'uomo tornò di corsa dai *rishi*, che lo avevano pazientemente aspettato, e cadde ai loro piedi chiedendo perdono. Si abbandonò completamente a loro. Con grande compassione, essi lo istruirono, lo iniziarono a un mantra, e gli dissero di compiere *tapas* (austerità) fino a quando avrebbe realizzato Dio. Ratnakaran mise immediatamente in pratica le loro indicazioni: seduto nella foresta, immobile come una roccia, si immerse nella meditazione. Rimase in quel luogo e intraprese una rigorosa ascesi per anni finché un giorno i *rishi* ripassarono di lì e si ricordarono del loro incontro con Ratnakaran. Percependo un'atmosfera di straordinaria serenità, lo trovarono in una meditazione così profonda che le termiti avevano costruito il proprio nido attorno a lui. L'uomo aveva compiuto intense *tapas* e raggiunto la realizzazione, lo stato supremo.

"Destandolo da quello stato di assorbimento, i *rishi* gli dissero di andare nel mondo, santificandolo con la sua presenza, con le sue parole e con le sue azioni. Poiché sedeva all'interno di un termitaio, chiamato in sanscrito *valmikan*, i rishi gli diedero il nome di Valmiki.

"Questa storia insegna che è possibile abbandonare il passato, lasciarselo alle spalle e dirigersi verso un piano completamente diverso di consapevolezza. Il passato è nella mente e appartiene al mondo dei pensieri e delle azioni. Dalla sfera mentale è possibile ascendere a quella più elevata, la sfera della Verità, purché si abbiano la necessaria determinazione e il distacco. Dal mondo dei pensieri, si giunge a uno stato di non-pensiero, dall'azione si perviene alla libertà dall'azione fino a trascendere lo stato di non-mente. Spinti dalla compassione, potrete in seguito scegliere di continuare a vivere nel mondo, per benedire ed essere di beneficio a tutti gli esseri.

"Il rifiuto della moglie e dei figli fu sufficiente per trasformare la vita del bandito Ratnakaran. Ma furono soprattutto la grazia e le benedizioni dei *rishi* ad aiutare l'uomo ad accorgersi della vita sbagliata e futile che aveva condotto fino ad allora, e lo condussero a un livello più alto e diverso di comprensione. Per loro grazia, venne a crearsi la situazione perfetta che permise a Valmiki di abbandonarsi.

"In quel breve lasso di tempo, la sua intera visione della vita mutò e riuscì a cogliere la futilità dei rapporti umani e la superficialità del cosiddetto amore nel mondo. Anche se derubare era ovviamente scorretto, Ratnakaran si era comunque prodigato, giorno e notte, e rischiato la vita per la sua famiglia. L'udire le crudeli parole di rifiuto dei propri cari, preoccupati solo per se stessi senza pensare minimamente a lui, fu un'esperienza rivelatrice per Ratnakaran e gli spalancarono le porte di un mondo nuovo. Riuscì a disfarsi del grande fardello di paure, preoccupazioni e attaccamenti. Fino a quel momento, aveva creduto che la famiglia lo amasse e che l'avrebbe sempre sostenuto. Ora, invece, aveva sentito i suoi cari rifiutare l'aiuto e affermare che l'avrebbero lasciato solo nel momento del bisogno. Il loro 'no' fu una sorta di 'terapia d'urto' che aprì una nuova porta di consapevolezza, dalla quale vedere la vita da una prospettiva completamente diversa. Questa sua nuova comprensione lo aiutò ad abbandonarsi a Dio, a lasciar andare la mente e il passato e ad essere in pace. Il suo tremendo passato era stato dissolto per lasciare posto a un uomo nuovo. L'uomo crudele e limitato era morto, ed era nata una nuova anima, profondamente compassionevole.

"Un tale cambiamento è possibile per tutti. Il sentiero della spiritualità non è solo per pochi eletti, ma è per tutti. La grazia e la volontà di abbandonarsi sono comunque i due fattori più importanti e quando sono entrambi presenti avviene il cambiamento: sia il passato che il futuro scompaiono, e si resta completamente presenti nel proprio cuore, dimorando nel Sé."

Amma cantò il bhajan *Krishna, Krishna, Radha, Krishna*.

Krishna, Krishna, Radha, Krishna

Krishna Krishna Radha Krishna
Govinda Gopala Venu Krishna
Mohana Krishna Madhusudana Krishna
Mana Mohana Krishna Madhusudana Krishna
Murare Krishna Mukunda Krishna

Taos

Come riconoscere un vero maestro

La Madre era ospite della Fondazione Lama, situata nelle montagne sopra Taos, e stava dando il darshan sotto una cupola rotonda. Tenendo una persona fra le braccia, si mise a cantare inebriata *He Giridhara Gopala*. Tutti si unirono a lei ripetendo con grande fervore ogni strofa che la Madre cantava:

He Giridhara Gopala

O Giridhara
che proteggi i pastori
e sei l'Amato di Lakshmi,
hai distrutto il demone Mura.
Di dolcezza infinita,
sei Colui che incanta la mente.

O figlio di Nanda,
di grande bellezza
che Ti diletti a Vrindavan,
Suonatore di flauto,
Protettore dei saggi.

O Giridhara
che indossi la gemma Kaustubha
e una collana di perle,
Tu giochi nel cuore di Radha
ed elevi i devoti.
O piccolo Krishna!

Proteggi i giovani pastori
e sei il compagno di giochi delle gopi.
Hai sollevato la collina Govardhana,
figlio di Nanda,
ladro di burro.

Qualcuno cominciò a parlare alla Madre di quanta gente nel mondo è preda dell'illusione. Lei ascoltò pazientemente e disse: "Sì, figlio, hai ragione. Nella società contemporanea le persone sembrano accecate. Guardare ciò che accade solo dall'esterno impedisce loro di avere una visione chiara. Il loro modo di vedere e valutare è molto superficiale e non sono in grado di capire come stanno veramente le cose. Viviamo in una società priva di consapevolezza, semiaddormentata.

"Qualcuno ha raccontato ad Amma questa storia: un uomo entrò in un negozio cercando un regalo che fosse davvero unico. Mentre curiosava, fu sorpreso nel vedere una teca che conteneva un teschio umano e il suo stupore crebbe leggendo che costava 25.000 dollari. Non riuscì a credere ai suoi occhi quando notò in una teca più piccola un teschio che costava 50.000 dollari. Molto incuriosito, chiese al proprietario perché essi fossero così cari. L'uomo rispose: 'Signore, il teschio più grande è quello del primo sovrano del nostro paese. È davvero un pezzo unico e inestimabile e quindi ha un costo elevato'.

'Capisco', disse il cliente, 'ma potrebbe gentilmente spiegarmi perché il teschio più piccolo costa il doppio?' Pacatamente il venditore rispose: 'Oh, il più piccolo! Beh, anche quello appartiene al primo sovrano. Era il suo cranio quando era giovane'.

'Davvero? Che meraviglia! Prendo questo!'"

Quando le risate terminarono, fecero un'altra domanda ad Amma.

"Amma, chi è un vero maestro spirituale e come riconoscerlo?"

La Madre rispose: "Per essere in grado di riconoscere un vero maestro, un ricercatore deve possedere un certo grado di comprensione intellettuale della spiritualità. Un criterio è certamente l'amore e l'attrazione spontanei che si provano nei confronti del maestro. Un *Satguru* è irresistibile, le persone sono attratte da lui come lo è la limatura di ferro da una potente calamita. La relazione fra un vero maestro e un discepolo è unica ed ineguagliabile e produce un impatto permanente sul discepolo. In questo rapporto, il discepolo non potrà mai soffrire.

"Ad ogni modo, quando vi sentite attratti da qualcuno che pensate sia un vero maestro, è molto importante usare il discernimento. Potreste sentirvi naturalmente attratti da quella persona ma, poiché non siete ancora stabiliti nello stato di vera saggezza, i vostri sentimenti non sono necessariamente attendibili. Potreste essere semplicemente ammaliati dal potere che emana e credere che possa esaudire i vostri bisogni e i vostri desideri. Fino a quando la vostra intuizione non sarà parte integrante della vostra natura, non basatevi solo sui sentimenti.

"Pensate ai numerosi smacchi ricevuti nella vita che vi hanno portato ad essere infine un'enorme ferita ambulante. Come sono potuti accadere? Sono state le valutazioni errate, l'incapacità di usare la facoltà del discernimento ad averli prodotti. Certamente anche il karma ha un ruolo importante in tutto questo, ma ricordate che, per quanto grande sia l'influenza del vostro passato, il modo in cui affrontate il momento presente è molto più importante perché determina il vostro futuro.

"Se una persona si vanta di essere un guru senza essere stabilito nella coscienza divina, potrà solo ferire gli altri con i suoi pensieri e con le sue azioni. Potrà apparire, parlare e camminare come un maestro realizzato; osservate però se ama ogni cosa nel creato in modo equanime e incondizionato e se è davvero pieno di compassione. Se non lo è, state attenti, poiché è indubbiamente ancora identificato con l'ego. Per catturare dei discepoli potrà celare l'ego e agire in modo innocente, ma quando vi avrà afferrato, comincerà a sfruttarvi e a farvi del male, creandovi profonde ferite.

"Non fatevi prendere dall'entusiasmo se incontrate qualcuno che dichiara di essere un maestro realizzato, poiché chi fa una tale affermazione può essere pericoloso. Innanzitutto, quando si consegue lo stato di realizzazione suprema ci si perde nell'oceano di *Sat-Cit-Ananda*. Il proprio sé limitato e individuale si dissolve e non rimane nessuno ad affermare o a dichiarare qualcosa. Ci si fonde semplicemente nell'infinito oceano di beatitudine e, anziché parlarne, si preferisce mantenere il silenzio. A volte un essere realizzato può tuttavia parlarne, mosso dall'amore e dalla compassione per gli altri, ma non dirà mai: 'Io ho realizzato il Sé! Vi porterò a Dio, a condizione che vi abbandoniate a me!'

"Un maestro autentico non farà nulla di particolare per attirare l'attenzione. Ciò nonostante, la gente si sentirà attratta da lui. Da un tale essere fluiranno spontaneamente amore, compassione e serenità, proprio come la pioggia scende spontaneamente dalla nuvola e l'acqua scorre nel fiume. Chi ha sete sarà attratto dall'acqua.

"Se siete sinceri, coscienziosi, e avete sufficiente desiderio di Dio, troverete il maestro perfetto che sanerà le vostre ferite. La brama sincera di realizzare Dio vi condurrà a un *Satguru* o, meglio, sarà lui a comparire nella vostra vita.

"Prestate tuttavia attenzione quando intraprendete il cammino della spiritualità. Nel mondo ci sono persone abili a usare parole fiorite e persuasive, che non esitano a fare ogni sorta di dichiarazioni. Osservatele attentamente e accertatevi che emanino la pace e l'amore divino.

"Questo non significa che non dobbiate ascoltare discorsi spirituali tenuti da studiosi. Fatelo pure, ma non dimenticate mai la prudenza e la vigilanza. Osservate la vostra mente e le vostre emozioni e non lasciatevi irretire da affermazioni e promesse illusorie. Ecco perché Amma vi esorta ad apprendere i princìpi di base della spiritualità, ciò che essa è realmente, e cosa cercare in un vero maestro.

"Se vedete qualcuno diffondere costantemente amore divino, compassione e una pace profonda e infinita e avere un atteggiamento di umiltà e di profondo rispetto per ogni aspetto del creato, andate da lui. Non si può fingere di provare l'amore divino. Chi non è ancora giunto alla meta finale può forse parlare come una persona realizzata, ma non può assolutamente amare e avere la stessa compassione di chi ha realizzato il Sé.

"Soltanto una lampada (ad olio) accesa può accenderne un'altra. Una lampada spenta non può farlo. Una lampada accesa può accendere innumerevoli lampade e la sua fiamma resterà sempre viva e brillante e non perderà in alcun modo il suo splendore. Analogamente, solo un *jivanmukta*, un maestro realizzato, può risvegliare il Divino in voi. Costui è la lampada di luce viva che può accendere una moltitudine di lampade, rimanendo sempre perfetto e completo[9].

"Quando siete pervenuti allo stato di coscienza divina, inevitabilmente compariranno la pace e la compassione, perché la pace e la compassione sono inseparabili dalla coscienza di Dio come lo è la luce dalla lampada, o il profumo dal fiore. Una lampada accesa non può non irradiare luce, e quando il fiore si apre, diffonde inevitabilmente il suo profumo. Allo stesso modo, quando il vostro cuore sboccia nel Divino, la pace e la compassione diventano parte di voi come un'ombra e non è possibile evitare la propria ombra. Cercate dunque un maestro che emani costantemente ed

---

[9] "Proprio come una lampada ne accende un'altra, il guru impartisce la conoscenza che tutto è *Brahman* – l'impercettibile, eterno, eccelso *Brahman*, privo di forma e di attributi". - *Guru Gita*

equamente amore divino, compassione e pace verso tutti e verso ogni cosa nel creato, perché così opera un vero maestro".

La personificazione dei nostri valori più nobili

"Amma, alcune persone ritengono che un maestro debba vivere attenendosi a dei valori morali ed etici, mentre altre non sono d'accordo con questa affermazione. Cosa ne pensi?"

La Madre rispose: "Un vero maestro darà sempre l'esempio ai suoi discepoli. Egli è la personificazione dei nostri valori più nobili. Per Amma, un *Satguru* deve osservare rigorosamente i valori etici e morali, sebbene sia al di sopra di ogni legge e di ogni limitazione. Finché rimane nel corpo e al servizio della società deve conformarsi ad alcuni fondamentali valori morali ed etici. Solo così può diventare un modello per gli altri. Se un guru dicesse: 'Guarda, io sono al di là di ogni cosa e perciò posso fare tutto quello che voglio! Tu devi ubbidire e fare ciò che ti dico', danneggerebbe soltanto il discepolo e potrebbe addirittura causare la disgregazione della società. Un maestro autentico non farà mai simili dichiarazioni perché sono un segno di arroganza e indicano che il senso dell'io, l'ego, è ancora ben presente. Un vero maestro è estremamente umile, si inchina davanti a ogni cosa, permettendo alla pura esistenza di fluire in lui e di possederlo completamente. Un grande maestro non ha ego.

"Un vero maestro è la personificazione dell'umiltà; da lui traspaiono il vero abbandono e l'accettazione. Queste qualità possono essere dei segni cui fare riferimento. Il discepolo può a sua volta abbandonarsi con spontaneità, senza sforzo e senza nessuna forzatura, solo quando è in presenza di un'anima che si è totalmente abbandonata. Costringere in qualche modo il discepolo sarebbe dannoso e potrebbe ostacolare la sua crescita. Il vero abbandono avviene in modo naturale nel discepolo; si tratta di una trasformazione interiore. La percezione, la comprensione e il movente delle sue azioni cambiano. L'intero centro della sua vita cambia.

"Inoltre un maestro non sarebbe di buon esempio se proclamasse orgogliosamente: 'Io sono realizzato', o: 'Io sono al di là di tutto'. Se è presente il senso dell'io, la persona non è realizzata. La realizzazione del Sé è la totale assenza del senso dell'io e del mio; la potremmo paragonare al cielo sconfinato o a uno spazio aperto. Lo spazio ha forse il senso dell'io? No, semplicemente è. È semplicemente *presente*. Una nuvola di pioggia o un fiore hanno qualche senso dell'io? Assolutamente no, esistono come un'offerta al mondo. Allo stesso modo, un vero maestro stabilito nel Sé si offre al mondo. Tutti i grandi maestri del passato, i santi e i saggi dell'antichità, erano perfetti esempi viventi dei nostri valori più elevati e più nobili.

"Alcuni dicono: 'Perché ricordare o seguire le parole degli antichi? In fondo, hanno vissuto in epoche lontane, la spiritualità e i maestri spirituali devono adeguarsi, diventare più flessibili, poiché oggi siamo in un mondo completamente diverso'. Chi parla in questo modo dovrebbe capire che la Verità è una sola. Le persone possono descrivere la Verità in vari modi, ma l'esperienza è una e la stessa. La Verità è già stata enunciata, non ce n'è una nuova. Chiedere che ne appaia una nuova, è infantile. Potremmo paragonare tale richiesta a un bambino che dice al maestro: 'Tutti i maestri insegnano che tre più tre fa sei. Sono stanco di sentire sempre la stessa risposta. Tanto per cambiare, perché non ce ne dà una nuova, ad esempio che tre più tre ha un risultato diverso?'

"No, questo non è possibile. Qualcuno può presentarla in una veste diversa, ma non si può inventare una nuova Verità per il proprio tornaconto. Il guru è oltre il corpo ed è privo di tutte le debolezze umane, ma i discepoli non lo sono. Ancora identificati con il corpo e con l'ego, essi hanno quindi bisogno di un esempio vivente che incarni tutte le qualità divine a cui fare riferimento. I discepoli traggono ispirazione dal maestro. Un vero maestro, dunque, dà grande importanza alla morale e all'etica, e lui stesso osserva questi valori per essere d'esempio e di ispirazione ai suoi discepoli.

"I costumi, l'etica e la morale possono variare da paese a paese, ma vi sono alcuni princìpi universali, condivisi da tutti i popoli attraverso i secoli. Ad esempio, la veracità è un principio valido per ogni individuo, società e nazione. Verità, pace, amore, altruismo, abnegazione e umiltà sono tutte qualità che hanno un valore universale".

Acqua di riso celestiale

Il primo *Devi Bhava* a Santa Fe stava per cominciare nel soggiorno di Steve e Kathy Schmidt. Gayatri andò ad offrire loro una tazza di acqua di riso *(kanji)* da cui aveva bevuto la Madre. Entrambi ne bevvero un sorso e sperimentarono immediatamente l'effetto del *prasad*. Steve, come disse poi a *brahmachari* Amritatma, si sentì improvvisamente ebbro di beatitudine e distaccato dai preparativi che fervevano intorno a lui. Kathy invece si sedette in un angolo e chiuse gli occhi. Rimase così per molte ore, mentre provava un profondo sentimento di pace e di gioia, dimentica del gioco divino che si svolgeva intorno. Per molte ore rimasero entrambi in quello stato. La casa era gremita di devoti venuti per assistere al *Devi Bhava*, ma poiché i due padroni di casa non erano in questo mondo dopo aver assaporato l'acqua di riso celestiale, regnava molta confusione. Non c'era nessuno che si occupasse di organizzare le cose. Questa fu la prima volta che Steve e Kathy sperimentarono il potere divino della Madre.

Chicago

Il vero jnani

La Madre stava dando il darshan in un tempio induista alla periferia di Chicago e cantava il *bhajan Rama Nama Tarakam* tenendo tra le braccia un devoto.

Rama Nama Tarakam

Il nome Rama ci fa attraversare
l'oceano della trasmigrazione
e ci dona sia la prosperità materiale che la Liberazione.

Questo Nome che incantava Sita
è il sostegno del mondo intero
ed è adorato e cantato da Shiva
e da altri dèi.

Rama Hare, Krishna Hare!
Io venero costantemente il Tuo Nome.
Per attraversare l'oceano dell'esistenza mondana
non conosciamo altro mezzo che
recitare i Nomi del Signore.

Quando il canto giunse alla fine, la Madre rialzò il devoto che poggiava sul suo grembo. Egli sollevò il capo; sembrava che stesse emergendo da un altro mondo. Dal suo volto traspariva una profonda beatitudine. Quando il darshan riprese, un dotto *brahmino* indiano chiese alla Madre: "Alcuni *jnani* (perfetti conoscitori del Sé) si astengono dal compiere azioni. Sembra che la loro sola occupazione sia benedire le persone. Amma, mi potresti spiegare perché si comportano così?"

La Madre rispose: "Cosa ti fa pensare che l'*anugraha* (benedizione) sia così insignificante? L'intero universo con tutta la sua bellezza è una benedizione. Ricevere una nascita umana è una rara benedizione. Uno *jnani* benedice la gente accordando pace, felicità e prosperità. Chi altro potrebbe farlo se non un vero *jnani*? Nessuno al mondo, ad eccezione di colui che è un tutt'uno con Dio, può elargire tali benedizioni. La grazia di un vero santo abbraccia ogni cosa, tocca l'intera vita della persona, facendo sbocciare tutti i vari aspetti della sua esistenza.

"Tu dici che uno *jnani* non fa nulla. Con il termine '*jnani*' intendi colui che è molto colto, uno studioso che si è autodefinito *jnani*? Forse costui sarà inattivo e affermerà: 'Io sono *Brahman*', ma un vero *jnani* è sempre impegnato in qualche azione, e la sua presenza, le sue parole e le sue azioni sono sempre di beneficio al mondo. Anche se questi non compie alcuna attività fisica e dal punto di vista di una persona comune sembra che non faccia nulla, in realtà benedice la gente con la sua presenza. Non è necessario che lo *jnani* svolga degli *yaga* o degli *yagna* (sacrifici rituali) per effondere benedizioni, poiché la sua stessa vita è un sacrificio. Attraverso di lui fluiscono la grazia, la gloria e l'infinito potere di Dio. In realtà, il vero *jnani* è Dio. Ecco perché è inevitabile che le persone si radunino intorno a un tale essere anche se lui cerca di stare lontano da loro. Quindi, nessuno può esprimere un giudizio e dichiarare che uno *jnani* è nell'ozio solo perché non compie fisicamente delle azioni.

"Ad ogni modo, per dare l'esempio uno *jnani* è di solito impegnato nell'azione. Vi sono alcuni *jnani* che non seguono questa regola e sono apparentemente inattivi: è impossibile per una persona comune immaginare quanto essi donino al mondo.

"Il Signore Krishna aveva una perfetta conoscenza del Sé. Estremamente dinamico, era costantemente impegnato in varie azioni, tutte svolte con infinita maestria. Sebbene sia ineguagliabile, Krishna rappresenta solo uno di questi esempi; molti *Mahatma* (grandi anime) sono stati un modello perfetto e si sono impegnati ad operare per il bene del mondo.

"Lo stato di *jivanmukti*, in cui ci si è affrancati dalla schiavitù del ciclo di nascita e morte, non è un obiettivo da raggiungere dopo la morte, né da sperimentare o conseguire in un altro mondo. Si tratta di uno stato di perfetta consapevolezza ed equanimità in cui dimorare qui e ora in questo mondo, mentre si è nel corpo. Tuttavia, i grandi maestri conferiscono a volte la Conoscenza del Sé ad alcuni discepoli dopo che questi hanno lasciato il corpo (*videhamukti*). Realizzando la più alta verità, l'unione con l'*Atman*, tali anime benedette non devono più rinascere e si fondono con la Coscienza infinita.

"Chi ha conseguito lo stato di *jivanmukti*, al momento del trapasso non avverte il distacco dal corpo né perde la percezione della propria identità perché si era già disidentificato con il corpo prima di morire fisicamente. In altre parole, si era già spogliato del suo corpo pur vivendo ancora in esso. Questo stato supremo chiamato *moksha*, liberazione da ogni attaccamento al corpo e alla mente, è la meta ultima, da raggiungere in questa stessa vita.

"Solo l'Atman è il Soggetto, l'Osservatore, il Testimone. Tutto il resto, ciò che viene visto, è l'oggetto. Il termine *atma jnana* (conoscenza del Sé) indica che l'*Atman* conosce l'*Atman*, che il Sé sperimenta il Sé. Il Sé non può essere conosciuto né sperimentato se non dal Sé nel Sé. Se l'*Atman* potesse essere conosciuto in altri modi, sarebbe un oggetto come gli altri e implicherebbe l'esistenza di qualcosa che è separato dall'*Atman* e che ci permette di percepire l'*Atman*. Ma l'*Atman* non può essere visto né conosciuto da nulla che sia disgiunto da Lui perché solo il Sé è il vero 'Io', l'Uno che vede ogni cosa, 'Colui che fa l'esperienza'. Le esperienze cambiano, ma Colui che fa l'esperienza, il sostrato di tutte le esperienze, rimane sempre lo stesso. Solo l'*Atman* è in grado di conoscere l'*Atman*; il soggetto conosce il soggetto. Questo è il significato dell'espressione "conoscere il Sé". Quindi, se qualcuno pensa di aver conosciuto il Sé, dimostra che non l'ha realmente conosciuto perché il Sé non è un oggetto da conoscere. È lo stesso Sé che conosce e fa l'esperienza del Sé.

"In realtà, lo stato ultimo della conoscenza del Sé non è un'esperienza, ma è semmai lo stato del *fare l'esperienza*, incessantemente e perennemente".

Madison

Nella città di Madison, Amma fu ospite di David e Barbara Lawrence, vecchi amici di Nealu, ed entrambi molto devoti alla Madre. In seguito, la loro figlia Rasya si legò profondamente alla Madre e si trasferì nel suo centro di San Ramon.

Shraddha

Una sera, mentre Amma stava salendo in macchina per recarsi al programma, Gayatri si dilungò nel sistemare l'occorrente della Madre in un cesto da mettere nell'auto, e Amma dovette aspettare che avesse finito. Quando Gayatri arrivò correndo verso la macchina, la Madre la sgridò per la sua mancanza di *shraddha*.

Nell'auto, la Madre disse: "Amma non vuole essere servita, a lei non importa come tu ti comporti, ma un aspirante spirituale deve essere attento e vigile in tutte le sue azioni. *Shraddha* comprende sia l'amore che la fede. Quando avrai l'amore e la fede, compirai spontaneamente ogni azione con vigilanza.

"La vita ci presenta situazioni inaspettate. Se non siamo pronti e vigili in ogni momento, non potremo superarle e affrontarle coraggiosamente. Nella vita, una persona è come se fosse un soldato sul campo di battaglia. Puoi immaginare quanto vigile e attento debba essere chi si trova in mezzo a un conflitto armato: potrebbe venire attaccato da tutte le parti. Se non è estremamente attento e costantemente vigile, rischia di essere ucciso. Analogamente, in ogni momento la vita può portarti a vivere ogni sorta di esperienze. Occorre molto *shraddha* per accogliere e non lasciarsi turbare di fronte alle circostanze: questo è ciò che ci insegna la spiritualità. Per un ricercatore spirituale, lo *shraddha* ha la massima importanza. Non pensare che Amma sia pignola, sta semplicemente cercando di aiutarti a sviluppare questa qualità importantissima. Devi avere *shraddha* perfino mentre svolgi le azioni più piccole e apparentemente più insignificanti".

Più tardi, quella sera, la Madre parlò con grande tenerezza di Gayatri ai *brahmachari* e disse: "Amma sa che Gayatri è triste e probabilmente sta pensando che Amma sia arrabbiata con lei; potrebbe sembrarlo, ma Amma non è per niente in collera. Il cuore di Amma si intenerisce pensando all'altruismo e alla sincerità di Gayatri, e a tutto il suo duro lavoro". Mentre parlava, la voce della Madre traboccava di immenso amore e compassione.

A Madison, la Madre visitò una struttura per bambini disabili. Trascorse molto tempo con loro, dando grande attenzione ad ogni piccolo ospite, si informò del loro stato di salute e li tenne fra le braccia, accarezzandoli, scherzando e giocando con loro. I bimbi rimasero incantati dalla Madre: come tutti i bambini, furono immediatamente attratti da lei e sentirono istintivamente che era parte di loro. Mentre stava per andarsene, una bambina su una sedia a rotelle afferrò il sari di Amma, non volendo lasciarla partire. La Madre avvicinò la bambina a sé, le accarezzò i capelli e disse: "Figlia mia, Amma non sta andando da nessuna parte. Amma sarà sempre con te. Amma è con te in ogni momento". Queste parole sembrarono confortare la piccola, che con un sorriso luminoso lasciò andare il sari.

La pace segue al dolore

Mentre stava recandosi al programma, la Madre chiese a *brahma-chari* Rao (Swami Amritatmananda) di salire in macchina con lei. L'uomo si sentiva triste perché i suoi numerosi impegni non gli permettevano di trascorrere molto tempo con la Madre. Durante il viaggio, lei gli parlò del dolore e della gioia.

"La pace interiore giunge sempre sulla scia del dolore. Per raggiungere uno stato di gioia, devi avere prima provato dolore. Dolore all'inizio e felicità duratura alla fine sono molto meglio di una felicità iniziale e di un dolore duraturo alla fine. Il dolore fa parte della vita. Senza aver sofferto in qualche modo, non puoi sperimentare nessuna pace o felicità permanente!", affermò la Madre.

"Questo vale anche per la vita nel mondo. Supponi di voler diventare un grande cantante. Se questo è il tuo obiettivo nella vita, come puoi pensare di ottenerlo senza allenare la voce? Dovrai essere in grado di padroneggiare con la tua voce i toni più intricati e sottili, le vibrazioni e le variazioni, passando agevolmente dalle chiavi più basse a quelle più alte. Come sarebbe possibile riuscirci senza esercitare correttamente la voce sotto la stretta guida di un esperto maestro di canto? Tale addestramento è il dolore che devi affrontare prima di diventare un grande maestro. Il dolore degli esordi è l'austerità (*tapas*) che devi affrontare, il prezzo da pagare per la felicità che provi nella vita. L'intensità della sofferenza varia in accordo con il tipo di felicità che cerchi. Poiché la beatitudine spirituale è di gran lunga la più grande di tutte le gioie, l'intensità necessaria nelle pratiche ascetiche o il prezzo da pagare per questa beatitudine, è quindi il più alto. Devi dedicare tutta la tua vita a raggiungere questo scopo.

"In alcune parti dell'India, in particolare nel Tamil Nadu, la notte di Capodanno si mangia l'amarissimo fiore di margosa (*neem* in hindi – N.d.T.). In un'altra festa chiamata Pongal che si celebra alla fine dell'anno, quando il sole tocca il tropico del Capricorno, la tradizione vuole che si mangi della canna da zucchero. C'è un grande simbolismo dietro a tutte le festività induiste. Nei due esempi precedenti, masticare l'amaro fiore di margosa simboleggia l'accettazione delle esperienze amare fin da primissimi giorni della nostra vita. La vita ci pone di fronte a molte prove e sventure; dovremmo imparare ad accettarle e ad accoglierle mantenendo aperto il nostro cuore, e ad essere pazienti, entusiasti, ottimisti, senza perdere la nostra forza mentale o restare amareggiati. Solo così possiamo procedere verso il vero scopo della vita, la dolce beatitudine e gioia dell'immortalità, simboleggiata dal mangiare della canna da zucchero alla fine dell'anno.

"In una forma o nell'altra, il dolore è presente in ogni ambito della vita e in ogni campo d'azione. Se non riusciamo ad accettarlo e a trascenderlo, non possiamo assaporare la gioia e la pace che sono il risultato finale della sofferenza attraversata. Imparando ad accettare il dolore della vita si può attingere la gioia della vita.

"Solo l'amore può aprirti alla coscienza divina. Tutta la vita è una lezione sull'accettazione. La presenza, l'amore e il tocco di un'anima divina hanno un grande effetto sulle persone e le rendono così ricettive che si aprono.

"Nel *Ramayana*, c'è un episodio in cui viene descritto come la presenza e il solo tocco di una grande anima creino questa ricettività e come la pace interiore giunga in seguito a un'esperienza penosa.

"Era stata decisa la data dell'incoronazione di Sri Rama. Purtroppo questo non avvenne a causa di Kaikeyi, la matrigna di Sri Rama, che chiese al re Dasharatha, padre di Rama e anche suo marito, di tenere fede alla promessa che le aveva fatto e di soddisfare quindi due suoi desideri. Chiese che il figlio Bharata fosse incoronato re al posto di Sri Rama, e che questi fosse mandato in esilio nella foresta per quattordici anni. Il re Dasharatha, che amava profondamente Rama, rimase talmente sconvolto da questa richiesta che perse i sensi. Ripresosi, supplicò Kaikeyi di cambiare idea, ma la regina fu irremovibile e gli disse che in quanto re e padre di Rama - personificazione del *dharma* (rettitudine, giustizia) - era suo dovere mantenere e adempiere immediatamente alla promessa. Dasharatha si trovava in una situazione senza via d'uscita. Ma Rama, che era Dio stesso, accettò senza opporsi a questo stato di cose e acconsentì di lasciare Ayodhya e di andare nella foresta, permettendo al fratello Bharata di salire al trono. Rama, che aveva trasceso qualunque attaccamento, non mostrò segni di collera o di disappunto e non perse mai la sua calma e compostezza.

"Per contro, Lakshmana - fratello, fedele servitore e ardente devoto di Rama - andò su tutte le furie nel sapere dell'imminente esilio di Rama, e quando scoprì che la responsabile era proprio sua madre Kaikeyi, il suo sdegno non conobbe limiti. Accusò il padre di essere 'succube della moglie e di essere ingiusto'. Cercò di convincere Rama a dargli il permesso di imprigionare entrambi i suoi genitori. Avrebbe voluto prendere possesso del regno per consegnarlo poi a Rama e incoronarlo come il vero re. Lakshmana era talmente adirato che nessuno riusciva a calmarlo. Rama rimase tranquillo e osservò il fratello mentre gridava e urlava per la collera, lanciando sfide al padre, finché finalmente non fu esausto. A quel punto, Rama, che fino ad allora era sempre stato in silenzio, si avvicinò al fratello, lo toccò con delicatezza ed esclamò: 'Figlio mio'. Questo era proprio quello che serviva: quelle due semplici parole e quella carezza produssero un effetto immediato su Lakshmana e risvegliarono il bambino che dimorava in lui. Lakshmana si calmò, si ricompose, e tutta la sua rabbia svanì. Tale è il potere della parola e del tocco di un Maestro che ha realizzato il Sé. Questo potere rese Lakshmana sereno e aperto come un bambino. Allora Rama cominciò a dargli consigli e profonde istruzioni spirituali che penetrarono nel suo cuore. Sino a quel momento, Rama non gli si era avvicinato né gli aveva parlato, attendendo pazientemente che Lakshmana passasse attraverso tutto quel dolore e quella rabbia; egli aveva creato la perfetta opportunità che gli permise poi di impartire quegli insegnamenti. Se Rama avesse parlato al fratello mentre era ancora in preda all'ira, questi insegnamenti spirituali non sarebbero stati accolti. L'intera situazione, dall'inizio alla fine, fu così creata dal Signore Rama; se si fosse opposto alla decisione del padre, non avrebbe potuto esserci tale circostanza.

"Naturalmente sono svariate le ragioni che produssero le vicende narrate nel *Ramayana*.

"Rama era la personificazione stessa del Potere universale: se avesse voluto, avrebbe potuto sconfiggere i Suoi oppositori e riprendersi il regno all'istante. L'avere accettato quello che stava accadendo fece infuriare Lakshmana. Questo suo scoppio d'ira, però, gli permise di liberarsi delle energie negative che stagnavano in lui. Furono soprattutto la grazia delle parole e del tocco divino di Rama a guarire Lakshmana, rendendolo un ricettacolo idoneo ad accogliere le istruzioni spirituali. Prima che avvenisse questa apertura, però, Lakshmana dovette vivere l'esperienza dolorosa della rabbia e della disperazione. Dunque, la pace e il rilassamento compaiono sempre sulla scia del dolore e dello sforzo. Rama, il maestro perfetto, creò quella situazione con la Sua volontà divina (*sankalpa*) per il bene dell'amato fratello e discepolo.

"Non bisogna tuttavia dimenticare che questa situazione ideata appositamente per Lakshmana era sotto il completo controllo del Maestro; altrimenti, si potrebbe pensare che non è necessario saper gestire la propria collera o essere consapevoli delle sue conseguenze negative. Non è consigliabile dare sfogo all'ira ogni volta che vi sentite in collera perché è ovvio che si tratti di un gesto distruttivo. Le particolari circostanze che si verificarono in presenza di Rama avevano uno scopo speciale.

"C'è sempre un messaggio divino nascosto nelle esperienze apparentemente negative che attraversiamo. Penetrando sotto la superficie delle cose, questo messaggio ci verrà rivelato. Purtroppo tendiamo a rimanere alla superficie di ciò che ci accade".

L'auto si fermò all'entrata della sala e la Madre scese fra la gente che l'aspettava. Non appena la videro, un sorriso spontaneo illuminò i volti delle persone, come i fiori di loto che sbocciano al sorgere del sole. Una bambina piccola, in braccio alla mamma, guardava intensamente la Madre. Amma andò verso di lei e la baciò, esclamando: "Baby, baby!" La piccola fece un sorriso radioso e le tese le braccia. La Madre la prese in braccio e camminò con lei verso l'ingresso della sala, dove si fermò per ricevere la tradizionale *pada puja*, l'offerta della ghirlanda e l'*arati*. Tenendo sempre la bambina in braccio, la Madre si diresse verso il palco.

Charleston

Jivanmukti

A Charleston, in Virginia, la Madre diede il darshan in una chiesa non-confessionale, accettando l'invito del monaco che la dirigeva. Il religioso la accolse con grande riverenza. Prima che iniziassero i *bhajan*, il monaco disse ai presenti: "Forse questa è la prima volta che Amma viene in America, la prima volta che viene con il corpo, intendo dire …" dopo una breve pausa, proseguì: "Ma io so che la Madre è già stata qui. È stata qui con me perché mi è apparsa in una visione prima che avessi mai sentito parlare di lei, e in quella visione mi ha detto che sarebbe venuta in America. Più tardi ho appreso che Amma avrebbe visitato questo paese".

Nei *bhajan* che seguirono, la Madre guidò tutti nel canto *Jay jay jay Durga Maharani*.

Jay jay jay Durga Maharani

Vittoria, vittoria, vittoria a Durga,
la grande Regina!
O Durga, grande Sovrana,
concedimi la Tua visione!

Incantatrice dell'universo,
Madre che dimori nei tre mondi
e hai dato origine all'intera creazione,
Tu accordi ogni grazia.
O Durga, grande Sovrana,
concedimi la Tua visione!

O Madre Durga,
Tu distruggi l'ignoranza
e rimuovi tutte le paure e le pene.
O Madre che cavalchi un leone,
sei l'incarnazione di tutto ciò
che è propizio.
O Durga, grande Sovrana,
concedimi la Tua visione!

O Madre, personificazione della fede,
della compassione e dell'amore,
Tu sola sei la grande Illusione,
il Potere supremo.
O Madre Bhavani,
Tu dimori in ogni cuore.
O Durga, grande Sovrana,
concedimi la Tua visione!

Vittoria, vittoria, vittoria
a Durga, la grande Regina!

Una donna che stava viaggiando con la Madre andò da lei appena iniziò il darshan e dopo aver ricevuto l'abbraccio si sedette accanto ad Amma. Aveva ascoltato le parole della Madre sullo stato di *jivanmukti* e desiderando approfondire l'argomento disse: "Amma, l'altro giorno hai parlato dello stato supremo di liberazione, uno stato in cui si è liberi dalla schiavitù del corpo e della mente, che può essere raggiunto mentre si vive ancora in questo mondo; hai affermato che in tale stato il mondo e la mente cessano di esistere. Questo significa forse che il mondo sparisce davanti ai nostri occhi? Com'è possibile fare l'esperienza del mondo senza il corpo e la mente?"

La Madre rispose: "Lo stato di *jivanmukti* non è uno stato in cui il mondo è scomparso; il mondo continua ad esistere, ciò che scompare sono le vostre nozioni erronee del mondo. È la vostra comprensione errata che crea tutte le differenze e le diversità. Quando essa si dissolve, ovunque e in ogni cosa scorgerete solo l'unità. La creazione di Dio sarà sempre presente perché potete distruggere solo ciò che voi avete creato. Di conseguenza, potete distruggere l'ego perché è una vostra creazione. Questo universo non è una vostra creazione e quindi non potete intervenire nel creato.

"I pensieri sono una vostra creazione; prestando loro attenzione, li rendete reali. Privateli di ogni appiglio e si dissolveranno. Osservate i vostri pensieri, non amateli né odiateli, non giudicateli come buoni o cattivi. Siatene spettatori ed essi scompariranno. Il mondo esterno non svanisce perché voi lo state osservando, ma se riuscite a rimanere testimoni distaccati, il mondo interiore dei pensieri scomparirà. Immaginate che il mondo dei pensieri sia come un fiume che scorre e che voi lo osserviate stando sulla riva, senza tuffarvi in acqua.

"Le nuvole del cielo hanno forme diverse: possono prendere la forma di un mostro, di un carro, di un cavallo che s'impenna o assumere quella del volto incantevole di una divinità. Mentre si muove, una nuvola continua a mutare. I bambini piccoli si divertono a osservare le nubi e mentre le guardano scorrere credono probabilmente che quelle forme siano reali. Ma un adulto sa che esse sono illusorie e che sono le nuvole ad assumere diversi aspetti. Gli adulti guardano semplicemente il cielo senza giudicare o commentare ciò che vedono. Non esclamano: 'Oh, che bel cavallo!', perché sanno che si tratta solo di una nuvola. Allo stesso modo, i pensieri sono le 'nuvole' sempre mutevoli che appaiono nello spazio interiore della mente; pur prendendo svariate forme, sono irreali. Poiché non siete voi ad avere creato le nuvole nel cielo esteriore, osservarle non le farà scomparire. Per contro, le nuvole dei pensieri del cielo interiore si disperderanno se riuscirete a osservare il loro passaggio.

"Un bambino pensa che il leone di legno di sandalo sia un vero animale. Invece, per un adulto, si tratta soltanto di un pezzo di legno di sandalo. Il bambino non riesce a scorgere il legno nascosto nella statua e vede solo il leone. Probabilmente l'adulto ammirerà l'immagine del leone, nonostante sappia che non è vera; egli sa che è il legno e non il leone ad essere reale. Allo stesso modo, un *jivanmukta* considera l'intero universo come il *Brahman* o la Coscienza assoluta, l'essenza, il "legno", di ogni cosa.

"Il mondo non scompare davanti agli occhi di un *jivanmukta*; tutto rimane immutato, senza nessun cambiamento. Il sole non smette di sorgere quando qualcuno realizza il Sé. La trasformazione che avviene è interiore e si percepisce il mondo da un diverso livello di consapevolezza. Per un *jivanmukta*, ogni cosa è impregnata di Dio, di pura coscienza indivisa. Proprio come il leone di legno è solo una statua di legno per un adulto, il *jivanmukta* vede ogni cosa come il *Paramatman*, il Sé Supremo. Il mondo dei nomi e delle forme esiste ancora, ma ora egli percepisce l'essenza interiore delle cose. Dimorare nello stato di *jivanmukti* non significa lasciare il corpo, vi si può rimanere e continuare a operare nel mondo. Ciò che cessa è l'identificazione con il corpo. Si diviene osservatori, testimoni, e non si sperimenta più il mondo dall'esterno ma dall'interno, dal vero centro dell'esistenza.

"La polpa essiccata del cocco si stacca naturalmente dalla dura noce: la polpa è separata dal guscio esterno. Nello stato di *jivamukti* accade lo stesso: l'anima e il corpo sono visti come separati e l'illusione che il corpo sia l'anima o che l'anima sia il corpo, è rimossa. Tutti gli attaccamenti al corpo spariscono. Quando le *vasana* (tendenze latenti) sono state 'bruciate', si realizza che il corpo non è il Sé e che il Sé è assolutamente libero e indipendente. Per il *jivanmukta*, il Sé è ogni cosa ed è in ogni luogo; il *Paramatman* è divenuto l'intero creato.

"Ecco una bella leggenda sul Signore Brahma, il Creatore dell'universo. Si dice che, dopo aver generato ogni creatura, Brahma se ne innamorava a tal punto da entrare in ciò che aveva creato, identificandosi totalmente con essa. Così, dopo aver creato un albero, un maiale oppure un essere umano, se ne innamorava e diventava quella creatura. Così Brahma entrò in tutte le cose.

"Dio è innamorato della Sua creazione. Dio pervade tutto come il solo Potere che dà la vita. *Jivanmukti* è lo stato in cui si scorge la gloria di Dio, il Suo infinito potere che dimora in tutto, non solo in ciò che è buono e bello, ma anche in ciò che è brutto e sgradevole. Si scorge l'essenza del mondo, non solo la superficie. La superficie delle cose rimane la stessa, ma l'occhio interiore è ora aperto e si può penetrare in profondità e percepire con chiarezza 'Quello' che è racchiuso all'interno.

"Nello *Srimad Bhagavatam*, Prahlada, un fanciullo devoto del Signore Vishnu, disse al padre Hiranyakashipu, re dei demoni, che il Signore era ovunque: in un filo d'erba, in una colonna inerte, in una foglia secca, in una semplice capanna o in un palazzo. Hiranyakashipu, infuriato per questa professione di fede, indicò un maestoso pilastro e gridò al figlio: 'Il tuo Hari è anche in quel pilastro?' 'Sì, è anche lì', rispose il fanciullo senza esitare. Furibondo, il demone prese la spada e colpì con forza il pilastro spaccandolo a metà. Da quei resti scaturì la forma feroce di Narasimha (l'uomo-leone divino), che rappresenta lo sprigionamento del Potere Cosmico.

"Non può esistere nulla senza l'Energia suprema; senza la forza integrante del Potere cosmico, il collante di ogni cosa, il mondo si dissolverebbe in un istante. L'Energia suprema è la forza creatrice per eccellenza.

"La storia di Prahlada mostra con chiarezza la natura onnipresente dell'Energia suprema. Lo stato di *jivanmukti* è la più alta vetta dell'esistenza umana, una condizione in cui si è in una costante e perenne beatitudine pur essendo ancora incarnati; il corpo è solo una gabbia in cui dimora l'anima, poiché si è sempre consapevoli che il Sé non è il corpo.

"Conoscete la storia del re Janaka, padre di Sita Devi, la pia sposa del Signore Rama? Re Janaka era un *jivanmukta*. Pur avendo conseguito l'unione con il Sé, non trascurò mai le sue responsabilità regali, governò e adempì al suo dovere rimanendo perfettamente equanime. Seppe restare distaccato dalle vicende della vita, belle e brutte.

"Per il *jivanmukta*, il mondo esiste ancora, ciò che cambia è la sua visione delle cose. Avendo conseguito l'unità con l'Essere Supremo, il *jivanmukta* assolve i doveri affidatigli per tutto il tempo in cui vive nel mondo. Non siede inoperoso esclamando: 'Tutto è illusorio, perché quindi dovrei impegnarmi in una qualche azione?'"

Boston

L'avatar

Quella mattina un ragazzo chiese alla Madre se poteva porle una domanda. Lei gli sorrise e disse: "Certo che puoi, ma non chiedere nulla che riguardi Dio, il karma (la legge dell'azione) o *moksha* (liberazione dal ciclo di nascita e morte, N.d.T.)".

L'uomo era sconcertato: come porre una domanda sulla spiritualità che non toccasse nessuno di quei temi? Vedendo la sua espressione confusa, la Madre e i devoti risero. Amma lo abbracciò e disse: "Figlio, non preoccuparti. Chiedi pure".

Sebbene la Madre avesse detto scherzosamente di non accennare a quei tre argomenti, la sua affermazione aveva un profondo significato, poiché ogni domanda su Dio, sul karma o sulla liberazione rimane senza risposta. Non si può dire nulla su di essi perché se ne può comprendere il senso solo attraverso l'esperienza diretta. Tutte le spiegazioni o le interpretazioni genereranno soltanto altre domande. "Le parole vi inganneranno. Andate oltre le parole e saprete", dice Amma. Ciò nonostante, quando un grande Maestro come lei ci parla, le sue parole scaturiscono dalla diretta esperienza della Verità suprema. Le parole di un'anima che ha realizzato Dio sono dunque la sola fonte attendibile a cui attingere in merito a questi temi.

Avendo ricevuto il permesso di formulare la domanda, l'uomo chiese: "Amma, sei un *avatar*? Sei la Madre Divina? Sei *Adi Parashakti* (il Potere Supremo)?"

La Madre rispose: "Puoi chiamare questo corpo con il nome che preferisci: qualcuno lo chiama Amma (Madre), qualcun altro Devi o Krishna, altri ancora lo identificano con Buddha o Cristo. Molti lo chiamano Amritanandamayi, ad esempio. Ci sono anche delle persone che criticano questo corpo. Ad Amma non importa come la chiamate. La Verità, il Sé interiore rimane per sempre identico, immutabile e inalterato. Nessuno può penetrare il mistero di questo puro essere.

"La parola '*avatar*' significa 'discendere'. La Coscienza infinita discende nel mondo assumendo una forma umana allo scopo di elevare e salvare l'umanità. Ad ogni modo, questo è vero solo dal punto di vista del devoto, perché per l'infinita Consapevolezza non c'è uno spazio in cui andare e tornare: come potrebbe discendere o ascendere ciò che è infinito e onnipresente? Nello spazio non esiste neppure un altro centimetro in cui potersi muovere. Ascendere e discendere esistono solo per chi non ha sperimentato l'unione con la Realtà Suprema. Quando siete una cosa sola con l'oceano di *Sat-Cit-Ananda*, non si pone il problema dell'andare o del tornare.

"Potremmo dire che, quando un'anima giunge alla realizzazione, è come se il vaso di creta immerso nell'oceano si rompesse e l'acqua contenuta nel vaso si unisse a quella che lo circonda cosicché non c'è che acqua ovunque. In questo esempio, l'oceano rappresenta l'infinita Consapevolezza o *Paramatman*, e il vaso di creta il sé individuale. Nello stato supremo di realizzazione l'individualità o la coscienza corporea svanisce e fluisce nell'infinito, al di là di ogni limitazione. Tuttavia, per un avatar non esiste nessun vaso da rompere, perché Egli è sempre stato tutt'uno col Supremo.

"Gli avatar vivono tra gli esseri umani, affrontando tutte le avversità della vita, ma danno costantemente esempio di amore divino, di compassione e di sacrificio di sé. Essi rappresentano una grande fonte d'ispirazione per milioni di persone in tutto il mondo, sono come transatlantici in grado di portare centinaia di migliaia di persone attraverso l'oceano della trasmigrazione. Gli avatar sono nati possedendo già la perfetta coscienza della Verità suprema. Possono compiere rigorose austerità con lo scopo di essere di esempio al mondo. Prendiamo l'esempio di una madre amorevole il cui figlio è itterico e deve osservare una dieta ferrea. Per aiutarlo, la madre seguirà la medesima dieta, perché se mangiasse dei cibi diversi mentre è con lui potrebbe fargli nascere il desiderio di mangiarli.

"Se volete comunicare con un sordomuto non potete parlargli nel modo usuale. Se volete che comprenda il vostro messaggio dovete comunicare con il linguaggio dei gesti. Dovete mettervi al suo livello. Sebbene stiate usando il linguaggio dei gesti, non significa che siete sordi o muti. Allo stesso modo, gli avatar possono intraprendere rigorose ascesi o meditare, ma ciò non vuol dire che queste pratiche siano loro necessarie. Ogni pratica spirituale che compiono funge da modello e serve per ispirare ed elevare le persone.

"Ogni cosa in natura si muove in un cerchio perenne: c'è la nascita, la morte, a cui segue ancora la nascita. Le stagioni hanno un movimento circolare: primavera, estate, autunno, inverno, e ancora primavera. La terra si muove sul suo asse intorno al sole. Un seme germoglia e diventa un albero; l'albero fiorisce e nascono nuovi semi. Anche le ere (*yuga*) si muovono circolarmente: *Satya yuga, Treta yuga, Dwapara yuga, Kali yuga,* e poi di nuovo *Satya yuga.* Prima di questo universo ce n'era un altro. Forse questo creato cesserà un giorno di esistere e un altro universo si manifesterà. Quando Rama discese nel mondo, disse ad Hanuman: 'Ci sono stati innumerevoli *avatar* Rama, non uno solo'. E Krishna disse ad Arjuna: 'Tu ed Io siamo stati insieme per un gran numero di nascite. Io le ricordo, ma tu no'."

Amritatma esclamò: "Amma, ricordo che una volta hai detto che tutti quelli che sono con te adesso lo erano anche in passato".

La Madre rispose: "Sì, tutti i figli che sono con Amma adesso erano già con lei".

Un chiaro segno

La domanda che l'uomo aveva posto ad Amma se lei fosse Adi Parashakti, il Potere supremo, mi ricorda una fatto accaduto.

Madhavan, un giovane studioso di *Tantra* che venerava la Madre Divina nella forma di *Sri Lalita Parameshvari*, andò per la prima volta dalla Madre. Mentre era ai piedi della scala, aspettando che uscisse dalla sua stanza, pensò: "Se Amma è realmente *Sri Lalitambika* (un aspetto della Madre Divina) e *Karpura vitikamoda samakarsi digantara*[10] (Colei che ama i rotoli di betel alla canfora, la cui fragranza attrae tutto il creato)[11], deve darmi un segno, deve farmelo capire".

Pochi minuti dopo la Madre scese dalle scale e Madhavan notò che stava masticando qualcosa (cosa piuttosto insolita per lei).

Quando Amma arrivò in fondo alla scala, vicino a Madhavan, aprì la bocca e, facendo segno col dito, disse: "Guarda figlio! Questo è *Karpura vitika*. Un devoto l'ha dato ad Amma".

Madhavan era senza parole. Non avrebbe potuto ricevere un segno più chiaro. Si scoprì poi che un devoto di Kottayam, che recitava sempre lo *Sri Lalita Sahasranama* ed era pienamente convinto che la Madre fosse proprio Adi Parashakti, aveva donato ad Amma qualche giorno prima del *Karpura vitika* (rotolo di betel). La Madre non l'aveva assaggiato perché non ne fa normalmente uso. Quel giorno particolare, invece, prima di lasciare la sua stanza, ne aveva preso un poco e l'aveva messo in bocca. Per Madhavan, fu evidente che la Madre conoscesse ogni suo pensiero e che fosse proprio la Devi.

---

[10]   Uno dei nomi della Madre Divina nello *Sri Lalita Sahasranama*.

[11]   Karpura vitika è una mistura di cardamomo, cocco, pepe nero, zenzero e limone verde.

Mentre il darshan continuava, le chiesero: "Amma, hai detto che ci sono stati innumerevoli avatar di Rama e Krishna. Ma noi conosciamo solo un Rama e un Krishna. Che cosa intendi dire?"

"Rama, Krishna e Buddha potrebbero tornare persino ai giorni nostri, e questo già accade, ma la gente non ha occhi per vedere. Non aspettarti che Rama e Krishna appaiano con l'aspetto che avevano nella precedente incarnazione. Se ti aspetti di vedere Rama con arco e frecce, o Krishna che regge il flauto e indossa una piuma di pavone, rimarrai senz'altro deluso. A Dio non piace lesinare, è molto generoso. La Sua prodigalità verso l'unità assume diverse forme: Rama, Krishna e Buddha appaiono sotto varie sembianze. Se ti aspetti che essi compaiano con il corpo e le stesse vesti di allora, o che il loro gioco sulla Terra sia come quello di un tempo, non li potrai riconoscere in questo mondo. No, non saranno identici. Ma se desideri davvero vederli, puoi trovarli dove c'è amore divino, dove tutti sono amati in modo equanime e incondizionato e dove c'è infinita compassione, grande umiltà e abnegazione. Ove incontri queste qualità, lì dimorano Rama e Krishna.

"Dio è infinito. Una volta si è manifestato come Rama e Krishna. Questa onnipresente e sconfinata Consapevolezza, con la sua inesauribile energia, ha ora preso un'altra sembianza.

(*Scherzosamente*) "La gente si stanca di tutto, non è vero? Si potrebbe annoiare perfino di Dio se tornasse ancora come Rama e Krishna. Poiché Dio sa quanto facilmente si annoino gli esseri umani, desidera divertire tutti con la Sua infinita saggezza, e così appare sotto svariate forme!"

"Figli, il contenitore cambia, ma il contenuto è lo stesso, non può cambiare. Questo è ciò che accade con un avatar. Inoltre, ogni incarnazione divina appare in accordo con i bisogni della società del tempo. I problemi del mondo d'oggi, le soluzioni a questi problemi e i modi per attuarle sono diversi da quelli del periodo in cui vissero Rama e Krishna."

Mentre traduceva le parole della Madre, *brahmachari* Amritatma si ricordò di ciò che tra l'altro Amma aveva detto di se stessa alcuni mesi prima nel suo ashram in India. Mentre stava parlando, aveva esclamato: "Per anni i santi e i saggi intraprendono rigorose penitenze al fine di realizzare Dio. Ora avete Dio proprio in mezzo a voi, ma a quanti importa?"

New York

"Io sono tua Madre"

Durante il primo programma di New York, all'inizio del darshan, la Madre indicò un bambino piccolo biondo, seduto con il padre dall'altra parte della sala, e disse ad Amritatma: "Quel bambino non ha la mamma. Amma prova molto amore e compassione per lui". Il bambino non era mai stato dalla Madre prima, e nessuno le aveva parlato di lui.

Dopo poco, la Madre gettò scherzosamente un cioccolatino verso il piccolo che, sorridendo, lo mangiò. Poco dopo, gliene lanciò un altro. Il bambino si avvicinò un poco di più alla Madre e prese il secondo cioccolatino. Amma ripeté questo gesto qualche altra volta e quando lui fu abbastanza vicino, tese le braccia e lo afferrò. Il bimbo rise. Il piccolo sentì immediatamente un forte legame con la Madre.

Suo padre, Larry Richmond (Arun), si avvicinò alla Madre e spiegò che suo figlio Jason, di sei anni, aveva perso la madre quando aveva solo otto mesi di vita, e che spesso si svegliava di notte piangendo, chiedendo perché lui non avesse una mamma. La Madre prese Jason fra le braccia e gli disse: "Jason, io sono tua

Madre!" Jason la guardò meravigliato: pensava che Amma volesse dire che lei era la madre naturale. Il suo volto s'illuminò di gioia. Per la prima volta nella sua vita riceveva l'amore incondizionato di una madre. Larry disse anche alla Madre che Jason soffriva di epilessia, che aveva frequenti crisi e che i farmaci non lo aiutavano affatto. La Madre gli raccomandò di continuare la terapia e gli diede anche del legno di sandalo, istruendolo su come usarlo. Le sue indicazioni furono seguite alla lettera, e da allora Jason non soffre più di attacchi epilettici.

L'umiltà di un Satguru

Durante un programma serale nella cattedrale St. John the Divine di New York, una persona porse questa domanda alla Madre: "Amma, in California ti ho sentita parlare dell'umiltà di un vero maestro, dell'assenza di ego in un *Satguru* e del fatto che egli s'inchina di fronte a tutto il creato. Vorrei sapere se l'umiltà è parte integrante di un maestro che ha realizzato il Sé".

La Madre rispose: "Un maestro realizzato è al di là di tutto, ma l'umiltà è una delle qualità fondamentali che egli esprime. Il maestro è umile perché percepisce ogni cosa come Dio e venera l'intero creato come il Supremo. Potremmo quindi affermare che un *Satguru* è sempre in uno stato orante, di preghiera: inchinandosi a tutto, tutta l'esistenza s'inchina a sua volta a lui.

"In una persona egoista non può avvenire nessun cambiamento interiore. Se nel maestro prevale il senso dell'io e del mio, l'aspirante spirituale non può cambiare. Il sedicente maestro può solo creare paura ed ansia intorno a lui, impedendo ogni eventuale trasformazione.

"Nel mondo sono esistiti molti sovrani crudeli e dittatori, a cui importavano solo i propri interessi. Quando erano al potere, regnava il terrore e così il cuore della gente era chiuso. Ci sono stati però anche esempi di grandi anime che hanno cambiato in meglio la vita di innumerevoli persone unicamente attraverso la loro umile presenza. Ogni traccia di paura scompare in prossimità di tali esseri. Un vero maestro è al di là di ogni egoismo. La vera umiltà crea una vibrazione di amore e di compassione che, a sua volta, produce le condizioni necessarie per un'apertura spirituale. Ecco perché la presenza di un *Satguru* crea l'atmosfera più adatta allo sbocciare del vostro cuore.

"Un maestro realizzato dimora eternamente nel Sé e non è toccato dalle vicissitudini della vita. Osservandolo, ci accorgiamo come sia il più umile degli umili, il più semplice dei semplici, infinitamente amorevole, pieno di compassione e di pazienza; tuttavia, egli rimane al tempo stesso nulla di tutto ciò poiché è al di là di ogni attributo. La sua padronanza della mente e dei sensi gli dà una illimitata capacità di focalizzarsi su una qualsiasi qualità divina e di manifestarla pienamente e perfettamente, esprimendola nel modo da lui scelto. Un attimo dopo può però abbandonarla con totale distacco.

"Benché un maestro possa essere umile per dare l'esempio, non può essere definito in alcun modo. Pur possedendo l'umiltà, è al tempo stesso anche al di là di questo attributo.

"Un discepolo deve imparare ad essere umile, poiché grazie a questa qualità si risveglia la capacità di essere un discepolo. Finché ciò non accade, il maestro non può realmente entrare nella sua vita. Risvegliando il discepolo in voi, attirate il maestro. La vostra intensa sete di conoscere la Verità fa affiorare il discepolo interiore, e con il risveglio dell'amante appare l'amato. Senza l'amante non c'è l'amato; senza il discepolo non c'è il maestro; il maestro sarà sempre presente, ma non nella vostra vita.

"L'umiltà del discepolo, la sua disposizione ad essere un completo neofita, unita all'accettazione e alla consapevolezza della propria ignoranza, lo rendono aperto e ricettivo alla vera conoscenza, impartita dal maestro. L'umiltà è l'accesso per conseguire la qualità autentica di discepolo e lo stesso maestro è un perfetto esempio di umiltà.

"Senza la minima esitazione, Sri Rama toccò i piedi della Sua matrigna, Kaikeyi, chiedendone la benedizione prima di partire per la foresta e trascorrere quattordici anni in esilio, sebbene fosse stata lei la responsabile del Suo esilio. Rama era così umile da inchinarsi con amore e rispetto davanti a Kaikeyi senza alcun pensiero di rabbia o di vendetta.

"Guardate la vita esemplare di Sri Krishna, che era perfettamente conscio della propria divinità, di chi Egli fosse. Ciò nonostante lavò umilmente i piedi dei santi e dei saggi che parteciparono al *rajasuya* compiuto da Yudhisthira, il maggiore dei fratelli Pandava. Proprio prima di lasciare le spoglie, il Signore Krishna conferì inoltre la liberazione al cacciatore che pose fine alla Sua vita sulla terra. Anche Gesù, - hanno detto ad Amma - lavò e baciò i piedi di tutti gli apostoli, Giuda compreso, che lo avrebbe tradito per trenta monete d'argento la notte precedente la Sua cattura".

In voi c'è un'Amma nascosta

Domanda: "Amma, queste grandi anime hanno ispirato ed elevato l'umanità con l'altruismo e l'esempio delle loro vite. Ma le grandi opere che hanno compiuto hanno un significato più 'profondo?'"

La Madre rispose: "Ogni essere umano, perfino una persona crudele ed egoista, può giungere all'illuminazione. In tutti c'è questa potenzialità latente. Amma vede una Amma celata in ciascuno: Krishna, Rama, Buddha o Cristo sono in voi. La luce divina di Dio potrebbe sorgere dentro di voi in ogni momento: aspetta solo l'opportunità giusta per emergere. I grandi maestri sono capaci di vedere questa luce nascosta che aspetta di affiorare, di aprirsi un

varco attraverso le mura dell'ego e scorgono un futuro Krishna,
Rama, Buddha o Cristo in tutti. Scorgendo la Madre Divina in
voi, Amma si inchina al suo stesso Sé, a Dio. Così si comportano
i grandi maestri, che sono in grado di percepire la Divinità in
voi, mentre voi non vi riuscite per mancanza di consapevolezza.
I maestri vedono in voi la luce divina, ecco perché si inchinano
a voi. Non sarete realmente umili finché non percepirete in tutti
questa Luce. È l'esperienza del Sé che rende naturalmente umili
in ogni situazione. Vedendo che ogni cosa è Dio, si è sempre in
uno stato di sacra riverenza. Senza il senso dell'alterità, tutta la
vita diventa un atto di adorazione, una forma di preghiera, un
canto di lode. L''altro' scompare e, al suo posto, nella persona che
vi sta davanti scorgete il suo stato latente di illuminazione, il Sé
interiore, e provate allora un profondo senso di riverenza per lei.
In quello stato nulla è insignificante, ogni cosa ha un posto speciale. Vedete la luce suprema splendere perfino in un filo d'erba".

Amma stessa è la personificazione vivente di ogni parola che
pronuncia. Lei s'inchina davanti a tutti all'inizio e alla fine di
ogni darshan. Accetta ogni offerta dei devoti inchinandosi con
profondo rispetto e gratitudine, a prescindere che si tratti di un
oggetto di valore, di un frutto, o persino di una semplice foglia.

Chi non ha visto la Madre venerare i suoi figli al termine
del *Devi Bhava*, riversando su di loro petali di fiori? Chi ignora
l'episodio in cui Amma fece visita all'uomo che aveva cercato di
ucciderla e che stava morendo in un letto d'ospedale, e lo nutrì
amorevolmente con le sue stesse mani? Migliaia di persone l'hanno vista risanare Dattan il lebbroso con la sua saliva guaritrice. Nei
primi tempi, alla fine di ogni *Devi Bhava*, i devoti si disponevano
intorno al tempietto: danzando, la Madre compiva tre giri attorno al tempio, toccando e benedicendo la gente mentre passava.
Dattan l'aspettava con due brocche d'acqua sul retro del tempio.

Al termine del terzo giro, Amma si fermava davanti a Dattan e versava l'acqua su di lui, lavandolo.

Un anno, dopo aver dato il darshan a Seattle per molte ore, Amma si diresse verso la casa che l'ospitava. Camminando sul sentiero erboso che portava all'ingresso, fece improvvisamente un salto all'indietro dicendo di aver calpestato qualcosa. Si chinò e vide una lumaca che aveva toccato con il piede e che era stata leggermente ferita. "Oh no!", esclamò. "Poverina!" La prese e la tenne tra le mani. Guardando tristemente la lumachina, disse: "Tra poco, il compagno di questa povera creatura la cercherà e, molto preoccupato, si chiederà cosa possa esserle successo". Per alcuni minuti la Madre guardò la lumaca che aveva in mano, poi chiuse gli occhi, la avvicinò alla fronte, e poi la pose delicatamente ai piedi di una pianta prima di entrare in casa.

Sebbene la Madre sia una sola cosa con Dio, venera ogni creatura come una manifestazione di Dio. Quale esempio migliore da cui trarre ispirazione?

Stamford, Connecticut

L'ultimo programma negli Stati Uniti si tenne in una casetta vicino a Stamford, nel Connecticut. La Madre diede il darshan seduta su una cassa capovolta, adibita al trasporto del latte, coperta da un tappetino.

Nel tardo pomeriggio meditò con i devoti in riva a un lago. Tutti erano irrequieti e non riuscivano a stare seduti immobili per gli sciami di zanzare che li stavano pungendo. Solo la Madre era imperturbabile. Circondata da una nube di zanzare, sedeva perfettamente immobile, in uno stato di totale assorbimento, mentre il suo volto risplendeva di serenità.

"Amma è sempre con voi"

Il primo tour americano della Madre era prossimo alla fine. La sera prima della sua partenza dagli Stati Uniti, Amma si rivolse a una giovane nella casa in cui era ospite e le disse: "Perché sei così triste?"

"Perché Amma sta per partire", disse la donna.

"Per dove?", rispose subito la Madre.

Dal Connecticut, la Madre si recò all'aeroporto JFK di New York, dove un gruppo di devoti l'attendeva per darle un addio pieno di lacrime. Prima di presentarsi al controllo passaporti, la Madre prese teneramente ognuno di loro tra le braccia.

"Figli, Amma è sempre con voi. Ogni volta che pensate a lei, Amma può chiaramente vedere i vostri volti. Sapete", continuò la Madre, "ogni notte, quando Amma si corica nell'ashram in India, va da tutti i suoi figli sparsi per il mondo. I figli di Amma sono i suoi cigni, e come un pastore Amma veglia su di loro e riporta a sé ogni cigno smarrito. Voi siete tutti gli uccellini che Amma tiene sotto la sua ala".

Mentre stava per giungere al controllo passaporti, molti devoti gridarono: "Madre, per favore, ritorna da noi!" La Madre li guardò con grande affetto e disse: "Non preoccupatevi, figli, Amma tornerà". Li salutò con le mani giunte sopra il capo ed esclamò dolcemente in inglese: "Figli miei…"

Dopo avere quindi gettato i semi della vera spiritualità nel terreno degli Stati Uniti d'America e nel cuore di chi era venuto ad incontrarla, la Madre partì per l'Europa il 14 luglio, ma la sua presenza sottile rimase con i suoi figli.

In breve tempo la Madre aveva prodotto una grande trasformazione nelle persone, mutando la loro prospettiva della vita. La Madre si stabilì fermamente nel cuore delle persone non attraverso discorsi eruditi o conferenze piene di parole fiorite, ma grazie a un approccio semplice ed innocente, e raggiunse ciascuno con il suo amore che tutto abbraccia, la sua sola presenza, il suo tocco e sguardo. Sebbene si esprimesse in malayalam, la sua madre-lingua, il linguaggio e la nazionalità non erano in alcun modo una barriera. Avvolte dalle sue braccia amorevoli, le persone le spalancarono con molta naturalezza il proprio cuore. Si aprirono spontaneamente, coscienti che ogni gesto della Madre impartiva loro un messaggio divino. I suoi occhi e il suo sorriso parlavano. Ogni suo respiro sembrava trasmettere qualcosa di divino. Tutto il suo essere comunicava silenziosamente con loro.

Europa

La Madre arrivò a Parigi nel primo mattino del 15 luglio 1987. All'aeroporto fu accolta da Sarvatma (Jaques Albohair) e da altri devoti: nel vedere la Madre andare verso di loro, essi rimasero immobili a guardarla con meraviglia. Non conoscevano l'usanza indiana di mettere una ghirlanda al collo del guru e restarono innocentemente ad osservare Amma non sapendo come comportarsi. Lei li salutò molto calorosamente, come figli da tanto tempo dispersi. Mentre aspettavano che i bagagli passassero il controllo doganale, Amma si sedette a terra in un angolo dell'aeroporto e abbracciò tutti i presenti, ponendo ad ognuno domande semplici sulla loro salute, su dove abitavano, e così via. Scese al loro livello e parlò in modo da rompere il ghiaccio e aiutarli a familiarizzare con lei.

Dopo aver sdoganato i bagagli, i devoti condussero il gruppo a Dourdan, fuori Parigi, a casa di Kathy e Daniel Demilly, dove alcuni attendevano l'arrivo della Madre. Lei li abbracciò, conversò un po' con loro e poi si ritirò in camera a riposare.

Il primo darshan ebbe luogo lo stesso pomeriggio, nel soggiorno. Erano presenti circa quaranta persone. Seduta a terra, la Madre chiamò i devoti ad uno ad uno, dedicando cinque o dieci minuti a ciascuno: li abbracciò, li accarezzò, pose della cenere sacra sulla loro fronte, diede a ciascuno un dolcetto, parlò con loro ponendo anche delle domande. Molti, sia uomini che donne, giovani e anziani, scoppiarono in pianto in presenza della Madre, profondamente commossi perché era evidente che lei sapesse tutto di loro, qualsiasi dettaglio della loro vita, del passato e del futuro, e ogni loro pensiero. Tuttavia in lei non c'era traccia di giudizio, ma solo un inconfondibile, illimitato e incondizionato amore, più grande di qualunque altro amore avessero mai incontrato prima. Ogni persona si sentiva come il figlio prediletto della propria madre.

Nel tardo pomeriggio Amma rientrò nella sua stanza, dove ricevette coloro che l'avevano già incontrata e che le avevano espresso il desiderio di parlarle in privato.

Come negli Stati Uniti, anche in Europa quasi tutti i programmi del mattino si svolsero in casa di devoti, mentre quelli serali si tennero in diverse sale.

Parigi

Affrontare i problemi

A Parigi, un devoto espresse alla Madre il forte desiderio di dimettersi per le situazioni stressanti che si verificavano sul posto di lavoro. "Amma", disse, "mi sento vulnerabile e confuso quando devo affrontare così tanta tensione. Cosa mi suggerisci di fare?"

La Madre rispose: "Ogni qualvolta si deve fronteggiare una situazione difficile, il primo istinto è fuggirla, evitarla in qualche modo e scappare. La gente crede che in tal modo possa sbarazzarsi dei propri problemi. Ma non è così. Forse si potranno sfuggire per un po', ma presto o tardi le stesse difficoltà riappariranno con maggiore forza.

"Dobbiamo capire che le situazioni non hanno il potere di ferirci; ciò che genera sofferenza è invece il modo in cui la mente interpreta le circostanze. Una situazione diventa un problema quando viene interpretata erroneamente. Il nostro intento è impedire alla mente di interpretare e valutare le situazioni esterne e possiamo riuscirci apprendendo l'arte di essere testimoni.

"Figli, non sono le circostanze esterne il problema. Non è possibile evitare le situazioni che fanno parte della vita. Esempio: un bel mattino, una donna anziana si presenta in casa di una coppia. Vedendola, il marito si rallegra ed esclama. 'Oh, che bello vederti, mamma!' Invece, nel vedere la suocera, l'espressione della moglie non è assolutamente di contentezza. Com'è possibile? Come può qualcuno creare reazioni così diverse in due persone? Quella donna non aveva fatto altro che entrare in casa! Pur essendo un gesto semplice, esso era per qualcuno motivo di gioia, mentre per un altro causa di molta infelicità. Per una persona, quella donna rappresentava un problema, mentre per l'altra era l'opposto. L'obiettivo quindi è non permettere alla mente di interpretare o commentare gli avvenimenti. Tuttavia la vostra mente è così debole e piena di giudizi che diventate automaticamente vittima delle situazioni e vi lasciate trarre in inganno. Il problema sorge quando reagite negativamente a ciò che vi accade. In altre parole, la radice dei problemi è dentro di voi. Appianate le pieghe della mente, dove si annidano i problemi, e le pieghe esterne si appianeranno da sole.

"Alcuni studenti sono andati da Amma dicendole: 'Amma, com'era difficile l'esame scritto!' Amma ha risposto: 'Dov'era la difficoltà? Nel foglio con le domande? No, perché alcuni hanno superato brillantemente questa prova. La vera difficoltà siete voi, perché non avete studiato abbastanza. Quindi, l'esame può essere stato problematico per voi, ma non per quelli che si erano davvero impegnati e avevano studiato la materia'.

"Molte persone raccontano ad Amma che hanno problemi seri con i rispettivi mariti o mogli. Ma quel marito o quella moglie sono spesso buoni amici di qualcun altro, un caro fratello o una cara sorella per altri e un genitore affettuoso per i propri figli. Per i Pandava, Krishna era un buon amico, mentre i Kaurava Lo ritenevano un nemico. Allo stesso modo, i fedeli consideravano Gesù il loro amato amico e salvatore, mentre per altri era una minaccia. Affermereste che il problema stava in Krishna o in Gesù? No, il problema stava nei Kaurava e in coloro che dubitavano di Gesù.

"In Occidente, due persone si frequentano per un certo tempo e poi, se si piacciono, si sposano e hanno dei figli. Per qualche tempo sono felici, ma presto sorgono delle difficoltà, dei conflitti che scaturiscono dalla paura e dalla collera. Entrambi gli sposi vogliono allontanarsi da quella situazione e fuggono via, giungendo infine a separarsi. Dopo il divorzio, forse vivono ricordando i momenti sereni e quelli dolorosi, ma dopo poco iniziano a frequentare qualcun altro, vivendo di nuovo le stesse situazioni. Tutto questo accade molto comunemente. Le persone seguitano a insultarsi e a criticarsi per i reciproci errori e debolezze, non consapevoli che i problemi sono dentro di loro.

"Potete scappare da una persona e passare da un matrimonio all'altro, sperando di essere riusciti così a sfuggire ai problemi. Tuttavia, dopo poco, incontrerete la stessa persona, ovvero qualcuno che ha le stesse debolezze e lo stesso livello di consapevolezza, in un'altra 'veste' e in un'altra circostanza, che potrebbe rivelarsi persino peggiore di ciò che avete già vissuto. L'aspetto esteriore della persona è cambiato, ma il contenuto, il livello di consapevolezza dentro la 'veste', è invariato perché voi non siete cambiati. Così, scegliete un partner che ha lo stesso livello di coscienza. Sono mutate solo le circostanze esterne.

"A meno che non vi sia un notevole cambiamento nella vostra consapevolezza e nei vostri atteggiamenti, i vostri problemi non scompariranno e compariranno ovunque, disturbandovi costantemente. La vostra mente continuerà a convincervi di dover fuggire dalle situazioni della vita, ingannandovi con false promesse circa il futuro.

"Lavorando su un preconcetto molto diffuso – l'idea che il problema sia dato dalle situazioni della vita – potete risolvere il problema per sempre. Rendetevi conto che le difficoltà si trovano nella vostra stessa mente, e una volta che ne diventate consapevoli potete impegnarvi a rimuovere le vostre debolezze. Per farlo, si ricorre alla meditazione: solo il silenzio interiore, l'immobilità e il rilassamento prodotti dalla meditazione possono aiutarvi".

Su richiesta della Madre, i *brahmachari* cantarono *Shakti Mahadevi*.

Shakti Mahadevi

Omaggio a Shakti, la Grande Dea
accessibile attraverso la devozione.
Omaggio al seme originario,
all'unica Verità,
all'infinita e perfetta Consapevolezza.

Mio loto divino, occhio sinistro di Shiva
che esaudisci tutti i desideri,
o Sovrana di tutti
che risplendi in ogni cosa,
proteggimi.

Sei la Signora degli esseri celesti
e li preservi da ogni dolore.
Di grande purezza,
proteggi perfino il Signore dell'oceano di latte.

Il Creatore può svolgere il Suo compito
solo grazie al Tuo sguardo.
Omaggi a Te, scaturita da Brahma
nella forma di Saraswati,
da cui nacque il seme dell'intero universo.

Creazione, sostentamento e distruzione
avvengono secondo il Tuo volere.
Distruttrice dell'ego dalle otto facce,
che ami il suono della vina,
quando sei in collera
ami anche il sangue.
Sei i Veda, l'Assoluto.
Vivi in tutti gli esseri viventi.
Sei la liberazione finale.

Ottimismo

Una sera, durante il darshan, una donna si avvicinò alla Madre e le disse che aveva perso quasi ogni speranza nella vita. Amma rispose: "Figlia mia, finché riesci a mantenere la tua fiducia in Dio, non c'è motivo che ti perda d'animo. A volte ti sembrerà che tutte le porte siano chiuse, che non ci sia una via d'uscita, ma se guardi attentamente vedrai che ci sono ancora molte porte spalancate. Ti stai focalizzando solo sulle porte chiuse e perdi di vista quelle aperte.

"La vita e Dio sono la stessa cosa. Tu sei figlia di Dio. Dio non chiuderebbe mai tutte le porte attorno a te. Il Suo amore e la Sua compassione illimitati non Gli consentirebbero di essere così crudele. Dio tiene sempre aperta più di una porta. Sembra che siano sbarrate, ma in realtà le porte sono socchiuse, basta una leggera pressione per aprirle. Tuttavia i nostri occhi sono accecati dall'ignoranza e non riusciamo a vedere le porte aperte attraverso cui filtra la luce della grazia di Dio.

"Figlia mia, non perdere mai il coraggio. Non perdere mai la fiducia in Dio o nella vita. In qualunque situazione ti trovi, sii sempre ottimista. È molto importante essere ottimisti. Il pessimismo è una sorta di tenebra, di ignoranza, che impedisce alla luce di Dio di entrare nella tua vita. Il pessimismo è simile a una maledizione, una maledizione illusoria creata da una mente illusoria. La vita è pervasa dalla luce di Dio, ma solo con l'ottimismo sperimenterai quella luce.

"Osserva quanto è ottimista la natura. Nulla può fermarla. Ogni aspetto della natura contribuisce instancabilmente alla vita. La partecipazione di un uccellino, di un animale, di un albero o di un fiore è sempre piena. Incuranti delle avversità, essi persistono con tutto il loro essere nei loro sforzi. Solo gli esseri umani sono pessimisti e un tale sentimento produce sofferenza.

"Ad Amma hanno raccontato questa storiella: una ditta di calzature mandò due rappresentanti su un'isola lontana in cui vivevano solo aborigeni. Il loro compito consisteva nel valutare la possibilità di vendere scarpe in quel luogo. Qualche tempo dopo uno dei due inviò un messaggio alla ditta: 'La gente qui non sa neppure cosa siano le scarpe! Sono sempre a piedi nudi! Non c'è assolutamente nessuna possibilità. Sto per rientrare'. A questo messaggio seguì quello del suo collega: 'Questi aborigeni non indossano le scarpe, non sanno cosa siano. Grandi opportunità: possibilità di riuscita al cento per cento! Inviatemi la prima spedizione di scarpe'.

Amma sa che non è facile essere sempre ottimisti. Ci si potrebbe chiedere com'è possibile rimanere ottimisti di fronte alle molte avversità e amarezze della vita. È certamente arduo, ma il pessimismo ti porta a una disperazione e a un'oscurità persino maggiore. Perderai tutta la forza e la chiarezza mentale, e nelle tenebre del pessimismo ti sentirai abbandonata e isolata. L'ottimismo è la luce di Dio; si tratta di una forma di grazia che ti consente di essere molto più ricettiva e di guardare alla vita con più lucidità".

Pazienza ed entusiasmo

Una donna che era sul sentiero spirituale da lungo tempo disse alla Madre: "Amma, pratico la meditazione fin dal 1973, ma non ho sperimentato alcun progresso. A volte mi sento così delusa che interrompo la mia *sadhana*. Per favore, potresti darmi un consiglio?"

La Madre sorrise e rispose: "Proprio nessun progresso?"

La donna rispose: "Beh... veramente, qualche progresso c'è stato."

"Di che tipo? Puoi spiegarti meglio?" chiese la Madre.

"Ci proverò". La donna rifletté per un momento. "Una volta ero molto sensibile e mi sentivo estremamente vulnerabile, ma da quando ho cominciato a meditare e a svolgere altre pratiche spirituali, ho l'impressione di aver acquisito più coraggio e fiducia in me stessa".

"*Hai l'impressione*. Figlia, ciò significa che non ne sei certa".

"Amma, sei come un investigatore privato!" esclamò perplessa la donna.

La Madre rise e ribatté: "Sì, Amma esplora e indaga nel tuo sé interiore, cercando di far affiorare il vecchio per creare il nuovo".

La Madre guardò amorevolmente la donna, poi la avvolse nelle sue braccia e la strinse a sé con affetto.

"Figlia mia, un ricercatore spirituale deve avere molta pazienza ed entusiasmo. Ci sono persone che sono pazienti ma non entusiaste; altre che sono entusiaste ma mancano di pazienza. Solo se entrambe queste qualità saranno in perfetto equilibrio, l'esperienza del ricercatore potrà divenire più profonda.

"Guarda i giovani: hanno tanta voglia di fare, ma non hanno la pazienza di riflettere sulle cose. È la pazienza che prelude al pensare con discernimento. Presi da questo entusiasmo unilaterale, i giovani tendono a tuffarsi nelle cose senza aver prima riflettuto. I loro sensi sono forti e integri, e le loro menti egocentriche sono attratte dalle emozioni e dall'avventura, ma l'assenza di pazienza e di discriminazione li mette spesso nei guai.

"Gli anziani, i sessantenni o i settantenni circa, sono al contrario piuttosto pazienti, ma non hanno entusiasmo. L'esperienza ha insegnato loro la pazienza e ad agire con più discernimento. Sono quindi molto più riflessivi, ma hanno perso questo slancio. Non possono essere pieni di entusiasmo come i giovani poiché i loro sensi sono diventati deboli, la loro forza è fiaccata e non riescono più ad emozionarsi davanti alla vita.

"Guarda un bambino piccolo che cerca di alzarsi in piedi e di camminare. Cadrà innumerevoli volte, fallendo ad ogni tentativo. Potrà sbucciarsi le ginocchia, battere la testa sul pavimento e piangere, eppure continuerà con ostinazione a rialzarsi e a cercare di camminare innumerevoli volte finché finalmente ci riuscirà. Sebbene fallisca non una ma mille volte, il bimbo non perde la sua pazienza e il suo entusiasmo. Queste qualità alla fine lo aiuteranno ad avere successo nei suoi tentativi.

"Un altro fattore importante è l'incoraggiamento costante che il bambino riceve dalla madre. Fortunatamente per lui, la madre è sempre presente con parole di incoraggiamento, infondendogli fiducia e coraggio. Ogni volta che cade, le amorevoli mani materne sono pronte a rialzarlo. Baciandolo e accarezzandolo, lei gli dice: 'Non piangere, va tutto bene. La mamma è qui'. Dopo aver rimesso il figlio a terra, lo invita a riprovare, e questo accade innumerevoli volte prima che lui riesca finalmente a stare in piedi da solo e a camminare con passo sicuro.

"Le parole incoraggianti e il tocco confortante materno aiutano il bambino a crescere e l'amore della madre gli dà la necessaria forza interiore. Allo stesso modo, un *sadhak* ha bisogno della pazienza e dell'entusiasmo di un bambino, ma ha soprattutto bisogno dell'amorevole presenza e dell'incoraggiamento di un *Satguru* che lo guidi a raggiungere la meta. È la presenza del maestro che incoraggia il ricercatore ad essere paziente, entusiasta e ottimista mentre attraversa un periodo di frustrazioni e di sconforto, quando è tentato di voler abbandonare la *sadhana*.

"Figli, le vostre *vasana* sono estremamente forti e profondamente radicate. Esse cercheranno continuamente di affossarvi, ma non abbandonate mai la speranza. Siate determinati e procedete.

"Immaginate una persona che sia rimasta seduta in una stanza buia per lungo tempo e che poi, un bel giorno, esca alla luce del sole. In un primo tempo, troverà difficile abituarsi alla luce. Ci vorrà tempo prima che i suoi occhi si adattino. Allo stesso modo, abbiamo vissuto in questo mondo pensando di essere il corpo e ci siamo talmente identificati con esso che per noi ora è arduo disidentificarsi. Siamo talmente abituati al buio dell'ignoranza che ci è difficile uscire e vedere la luce di Dio.

"La forza delle nostre *vasana* e delle vecchie abitudini è tale che non riusciamo facilmente a liberarci dalla loro presa. Non appena la situazione si presenta, le *vasana* si manifestano puntualmente. Amma vi racconterà una storia.

"Due bambini, un fratello e una sorella, un giorno finsero di essere il re e la regina del paese. Si mascherarono così indossando abiti lunghi e una corona di cartone sul capo. Andarono a bussare alla porta dei vicini. 'Chi è?' chiese la vicina. 'Siamo il re e la regina', risposero i bimbi. La donna decise di stare al gioco, spalancò la porta e disse: 'Vostre Maestà! Quale onore! Se avessi saputo che venivate, avrei steso un tappeto rosso ai vostri piedi e chiamato i trombettieri!' 'Non importa', dissero i bambini. 'Basta che ci offri qualcosa di buono da mangiare'. La donna li fece entrare, portò due sedie e disse: 'Prego, accomodatevi sui vostri troni, Maestà'. Il 're' e la 'regina' si sedettero molto dignitosamente. La vicina offrì loro dei biscotti fatti in casa e del latte. 'Ecco delle squisitezze degni di re'. Il re e la regina fecero un cenno di approvazione col capo. I biscotti avevano un bell'aspetto e avevano le forme di diversi animali, quali orsi, gatti, pesci, anatre e agnellini, ma c'era un solo elefante. E poiché ce n'era soltanto uno, sia il re che la regina lo volevano. Entrambi allungarono le mani verso quel biscotto, ma la regina lo prese per prima. Sdegnato, il sovrano gettò il suo latte contro la consorte, che afferrò una manciata di biscotti e glieli tirò contro. Dopo poco iniziarono a farsi la guerra con i biscotti, poi saltarono giù dai loro troni e cominciarono a combattere duramente. Le corone volarono via e gli abiti vennero fatti a pezzi. Non erano più il re e la regina del paese, ma solo due bambini che litigavano per un biscotto.

"Solo una pratica costante svolta con grande pazienza ed entusiasmo vi permetterà di superare le tendenze latenti e le vecchie abitudini. Ciò che occorre sono soprattutto la grazia e la guida amorevole di un *Satguru*. Non abbandonate le pratiche spirituali a causa di un momento di frustrazione o di delusione. Qualunque sia la vostra *sadhana*, il risultato non può andare perduto. Ciò che avete acquisito resta con voi e, a tempo debito, darà i suoi frutti".

La Madre chiuse gli occhi, profondamente assorta in meditazione. Poco dopo li riaprì e iniziò a cantare *Karunalaye Devi*.

Karunalaye Devi

Madre Divina,
dimora di compassione
che ci doni tutto ciò che desideriamo,
Katyayani, Gauri, Sambhavi, Sankari![12]

Madre adorata,
Essenza dell'Om
che adori il suono Om.
Madre, quando odi il mantra "Om Shakti"

---

[12]   Nomi della Madre Divina.

arrivi correndo!
Grande Potere dell'illusione cosmica!

Sei la Causa della creazione,
della preservazione e della distruzione dell'universo.
Madre, ogni cosa è Te.
Tu sei ogni cosa.
Non c'è nessun altro se non Te.
Madre, non ho altro sostegno
che Te, il Sé di ogni beatitudine,
il Sé pieno di beatitudine.
Accordami la Tua meravigliosa Grazia.

Zurigo

Qui e ora

A Zurigo la Madre fu ospite di Heidi Furer e fu in questa casa che tenne il primo programma serale. Nel 1984 Heidi aveva fatto visita alla Madre nel suo ashram in India.

Sebbene fosse estate, faceva freddo. I *brahmachari* e i devoti indiani che viaggiavano con il gruppo non erano abituati a un clima rigido e i maglioni e i berretti che indossavano non li aiutavano molto. Erano talmente infreddoliti che facevano molta fatica a uscire dal loro sacco a pelo la mattina.

Durante il primo programma serale, un giovane fece ad Amma la seguente domanda: "La maggior parte dei maestri esorta i discepoli a dimenticare il passato e il futuro, a vivere il momento presente, e insegna molte tecniche utili a vivere momento per momento. Purtroppo la maggior parte di noi è ancorata al passato e in uno stato di costante apprensione riguardo al futuro. Come può la gente comune, preoccupata di come pagare le varie bollette e assicurazioni, l'affitto, l'istruzione dei figli, non essere inquieta su come provvedere ai bisogni fondamentali della vita ed essere allo stesso tempo in pace? Non è forse questa apprensione per il futuro che spinge una persona a lavorare, a guadagnare denaro, a soddisfare le proprie necessità e a svolgere i suoi doveri? Non sono le esperienze passate a suggerire di prestare attenzione in futuro e a evitare di ripetere gli errori? A questo punto, com'è possibile vivere nel momento presente, dimenticandosi completamente del passato e del futuro?"

La Madre rispose: "È vero ciò che hai detto sulle preoccupazioni che affliggono la maggior parte della gente. Nessuno può negare la realtà delle ansie quotidiane di un individuo comune. Le esperienze passate contribuiscono certamente a costruire il proprio futuro ed è anche vero che i sogni sul futuro ci inducono a realizzarli. Però la vera domanda è se ci sia qualche beneficio nel rimpiangere il passato o nel preoccuparsi per il futuro. Puoi pianificare il futuro sulla base delle esperienze e delle lezioni apprese in passato, ma non devi dimorare nel passato o nel futuro.

"Pensa pure a cosa cucinerai per cena, ma non mentre stai preparando il pranzo. Non pensare a quanto sale metterai nella cena mentre sali la minestra che sta cuocendo. Non rammaricarti neppure della zuppa di ieri che non era molto gustosa e concentrati invece su quella che è adesso sul fuoco. Tu vuoi che sia salutare e deliziosa, non è così? Sii dunque vigile e consapevole del momento presente.

"Vivere il momento presente è un insegnamento che può essere visto da due prospettive diverse: quella della persona comune che ha responsabilità professionali, sociali e familiari, e quella del *sadhak*, che ha come unico scopo realizzare Dio.

"Non è possibile e non è neppure necessario che un individuo comune che vive nel mondo e ha delle responsabilità da assolvere dimentichi completamente il passato e il futuro. Ciò nonostante, dare troppo spazio al passato o al futuro impediranno anche a lui di eseguire scrupolosamente i suoi doveri. Un'azione inizia sempre nel momento presente. Per poterla svolgere adeguatamente, impiegando tutti i talenti e le capacità personali, bisogna concentrarsi al cento per cento su ciò che si sta facendo. Rimuginare o sognare qualcos'altro interferirà con l'azione. Prima di agire, dovreste pensare agli errori e insuccessi passati e preparare la mente a quello che state per compiere. Fate i vostri calcoli prima di intraprendere un'azione, ma quando avete iniziato, concentratevi interamente su quello che state svolgendo in quel momento. Se nel frattempo vi occorre portare alla memoria un ricordo, fermatevi, consultate l'archivio interno che conserva le esperienze passate, estraete l'informazione necessaria e poi riprendete il lavoro interrotto con tutti voi stessi. Non soffermatevi sui ricordi, sul passato. Per potervi esprimere pienamente, dovete essere nel "qui e ora". Prendete come esempio un pittore che sta cercando di catturare la bellezza di un paesaggio. Se mentre dipinge pensa alla sua ragazza, la sua opera sarà mediocre, perché il suo cuore non è lì. La sua concentrazione è divisa.

"Una donna stava andando al mercato tenendo sul capo un cesto di uova. Camminando, cominciò a fantasticare: 'Venderò queste uova a un buon prezzo e con il ricavato comprerò altre galline che mi daranno così tante uova che in breve sarò in grado di comprare una mucca. Quella mucca produrrà così tanto latte che in poco tempo potrò acquistarne molte altre e con il denaro della vendita del latte acquisterò una fattoria. La fattoria frutterà talmente tanto denaro che potrò comprare una bella villa e, a quel punto, sarò così ricca che molti giovanotti mi faranno la corte. Quando li incontrerò per strada, camminerò ondeggiando i fianchi, in questo modo...' Mentre ancheggiava, il cesto le scivolò dalla testa e tutte le uova caddero e si ruppero.

"Gli esseri umani tendono a fantasticare sul futuro e a volare sulle ali dell'immaginazione. I sogni appartengono al futuro e possono rendervi oziosi e goffi. Non occorre fare nessuno sforzo per sognare: se non state facendo nulla, vi sedete e sognate di andare sulla luna, di sposare una bella principessa, o di sconfiggere i vostri avversari. È nella natura della mente rimuginare sul passato e fantasticare sul futuro. Perfino una persona attiva può cadere facilmente nella trappola del passato e del futuro. La gente non si rende conto di quanta energia sprechi immergendosi in tali pensieri. È un grande errore continuare a pensare al passato o al futuro mentre si sta svolgendo un'azione. Potete avere molti talenti ed essere una persona di successo, ma sognare ad occhi aperti sminuisce gran parte delle vostre capacità e vi impedisce di utilizzarle appieno. Per dare il meglio di voi e agire in modo completo, con accuratezza e maestria, dovete imparare a vivere nel momento presente. In tal modo, dirigerete le vostre abilità verso ciò che state facendo.

"Coloro che hanno come unico scopo realizzare Dio non si curano del passato né del futuro e aspirano a dimorare nel momento presente, perché Dio è lì ed è lì che vi sono la pace e la beatitudine perfette. Dimorando nel "qui e ora" potete giungere a una calma assoluta e alla quiete interiore. Il passato e il presente sono moti della mente: come un pendolo che oscilla da un lato all'altro, la mente va dal passato al futuro per poi ritornare al passato. Il centro vero dell'esistenza si sperimenta quando il pendolo della mente raggiunge un punto di quiete. Quando riposa nel momento presente, la mente attinge a uno stato di quiete.

"Un sincero aspirante desidera giungere a tale immobilità, o centro, ed è per questo che non si cura del passato né del futuro e rivolge la sua attenzione al "qui e ora". Questo è il significato dell'espressione "ricordarsi di Dio". Il ricordo di Dio è possibile solo quando si lascia andare il passato e si smette di sognare il futuro. Il pendolo della mente cessa allora di oscillare da una parte all'altra, giunge alla quiescenza e voi dimorate nella quiete del momento presente".

Schweibenalp

La Madre trascorse nove giorni a Schweibenalp, sulle Alpi svizzere. Persone da tutta Europa, tra cui numerose famiglie con bambini, andarono ad incontrarla. La piccola sala allestita per il darshan era gremita di gente gioiosa ed entusiasta. Parecchi danzavano e cantavano davanti ad Amma e sembravano molto felici. Poiché tanti partecipanti provenivano da tutta Europa, i satsang della Madre furono tradotti in inglese, tedesco e francese. Sulle Alpi faceva perfino più freddo che a Zurigo. I *brahmachari* e i devoti indiani pativano molto il freddo e indossavano berretti di lana e molti strati di abiti pesanti.

I miracoli

Durante il primo darshan del mattino furono poste diverse domande.

"Amma, puoi parlarci dei miracoli? Cos'è esattamente un miracolo?"

La Madre rispose: "In genere i miracoli sono attribuiti ai santi. Si pensa comunemente che solo un essere divino possa fare miracoli e che sia nella sua natura compierli. La gente crede inoltre che chi non compie miracoli non possa essere una grande anima, anche se di fatto ha realizzato il Sé. Alla presenza di esseri molto elevati, ciò che noi consideriamo un miracolo può accadere oppure no, poiché essi non danno molta importanza a tali fenomeni. I *Mahatma* non ottengono né perdono nulla nel compiere prodigi, non si curano di avere una buona nomea o di essere famosi e non desiderano compiacere né dispiacere a nessuno. Se il miracolo avviene bene; se non avviene va bene lo stesso. Al giorno d'oggi, invece, la fede in Dio è influenzata dai miracoli che un maestro realizzato o un santo compie. Esistono purtroppo dei sedicenti guru che hanno come scopo quello di sfruttare ed esercitare un controllo sulle persone; ad essi piace attirare l'attenzione su di sé e compiono apertamente ogni tipo di prodigi.

"Aver acquisito l'assoluta padronanza della mente equivale ad avere la signoria dell'universo. Tutto ciò che è stato creato è formato da cinque elementi: fuoco, acqua, terra, aria ed etere. Realizzando il Sé, si ha il controllo di tutti gli elementi, che diventano i vostri fedeli servitori. Se volete, potete trasformare un oggetto in una montagna e, se lo desiderate, potete creare un nuovo mondo. Per riuscirci non occorre neppure giungere allo stato finale della realizzazione, lo si può fare mentre si è in uno stadio precedente.

"Con assoluta concentrazione, se fissate l'attenzione su alcuni aspetti dei cinque elementi e mantenete tale focalizzazione, potete separare l'oggetto della concentrazione dalla sua essenza; in tal modo conoscerete l'essenza di ogni cosa e sarete in grado di controllarla. Svilupperete alcuni *siddhi* (poteri soprannaturali) con i quali potrete ad esempio leggere la mente delle persone, vedere e sentire cose che stanno avvenendo a distanza, materializzare oggetti, conoscere il passato e il futuro, comprendere ogni linguaggio, incluso quello degli animali, divenire leggero come una piuma o pesante come una montagna e muovervi nello spazio a qualsiasi velocità e distanza.

"Nelle epopee indiane si racconta di un saggio chiamato Viswamithra. Prima di divenire tale, Viswamithra era un re. Un giorno partecipò a una battuta di caccia accompagnato da tantissimi soldati. Al termine della caccia tutti erano esausti e desideravano riposare. Il sovrano si ricordò che il grande saggio

Vasistha aveva un eremo lì vicino e vi andò assieme ai suoi soldati. Vasistha possedeva una mucca divina chiamata Nandini, capace di soddisfare ogni suo desiderio. Così, quando Viswamithra giunse all'eremo con la sua armata, con l'aiuto di questa mucca magica Vasistha riuscì in un batter d'occhio a offrire loro un sontuoso banchetto. Molto colpito dal potere che possedeva questo animale, Viswamithra pensò che una creatura così preziosa dovesse appartenere al sovrano del paese, ovvero a lui, e non a un saggio che, avendo rinunciato al mondo, non aveva quindi nessuna necessità da soddisfare. Lo disse a Vasistha, che subito gli diede il permesso di prendere con sé la mucca. Ma quando il re cercò di portarla via, l'animale si rifiutò e non si mosse neppure di un millimetro. Tutti gli sforzi di portarla a palazzo fallirono. Infuriato, il re cercò di trascinarla via con la forza, aiutato dai soldati. Ma Nandini reagì e con il suo corpo creò migliaia di soldati ben armati. Nello scontro che seguì, i soldati di Nandini sconfissero l'esercito reale. Capendo che era stato Vasistha a infondere il proprio potere alla mucca, Viswamithra andò su tutte le furie e decise di battersi contro di lui. Lo colpì con una pioggia di frecce e altri potenti dardi, ma il saggio rimase impassibile. Immobile e con un sorriso radioso sul volto, Vasistha teneva in mano lo *yogadanda* (il bastone di uno yogi); nella sua mente non c'era nessun pensiero ostile, nessun sentimento di collera né di odio, poiché era un vero santo che aveva trasceso per sempre l'ego e le sue negatività. Davanti a questo semplice bastone, le potenti armi reali si dimostrarono impotenti e ben presto Viswamithra fu disarmato e sconfitto. Si sentiva profondamente umiliato e sconcertato perché, sebbene fosse il più potente sovrano del tempo, l'imponente forza militare e tutte le sue armi si erano dimostrate inefficaci davanti a un grande saggio come Vasistha, che possedeva un immenso potere spirituale ottenuto attraverso rigorose *tapas* (austerità). Il re tornò a palazzo ribollendo d'ira. Abdicò e si ritirò nella foresta per svolgere pratiche ascetiche e potersi in seguito vendicare di Vasistha.

"Si narra che Viswamithra si sottopose a intense austerità e poi tornò nel mondo per mettere in atto la sua vendetta. Ma ogni volta che ci provava, i suoi sforzi fallivano e così si infliggeva penitenze sempre più severe. Davanti agli insuccessi non si perdeva d'animo, ma reagiva intensificando le proprie austerità. In tal modo sviluppo diversi *siddhi* (poteri yogici). Per sfidare Vasistha, riuscì persino a creare un altro paradiso, un mondo celeste pieno di piaceri fugaci. Viswamithra compì tanti miracoli, ma la collera incontrollabile contro il saggio Vasistha e i suoi innumerevoli prodigi produssero un'infinità di ostacoli sul suo sentiero.

"Alla fine, però, il suo atteggiamento cambiò e riuscì a realizzare il Sé, dopo aver eliminato ogni traccia di ego e di collera, trasceso il meschino senso dell'io e del mio, abbandonato i pensieri di vendetta contro Vasistha e imparato ad amare tutti in modo equanime, senza usare i poteri acquisiti per nuocere agli altri, ma per il bene di tutti.

"Questa vicenda contiene due messaggi: il primo è che Vasistha era un saggio autentico, un maestro realizzato che, pur padroneggiando ogni potere divino, era privo di ego e non nutriva sentimenti negativi contro Viswamithra, il quale cercava costantemente di aggredirlo e di insultarlo. I testi affermano infatti che, pur avendo subito numerose umiliazioni, Vasistha elogiò più volte il valore e la determinazione di Viswamithra.

"Per cominciare, questi uomini erano molto diversi: mentre Vasistha conservava il proprio equilibrio mentale in tutte le circostanze, Viswamithra era colmo di astio nonostante i successi riportati; intraprese anche rigorose austerità e acquisì poteri spirituali straordinari che utilizzò per compiere miracoli prodigiosi; ma in questo modo sprecò tutto il potere acquisito con l'ascesi. Viswamithra era inoltre sempre inquieto, pensava costantemente a come attuare la sua vendetta. Se guardiamo all'intensità delle sue penitenze, vediamo che gli occorse molto tempo prima di giungere all'emancipazione finale. Per contro, Vasistha dimorava in uno stato di beatitudine e di serenità e, pur facendo ricorso ai poteri divini acquisiti quando e dove occorreva, non disperse mai il suo potere. Vasistha era *purnam* (completo), un tutt'uno con il Potere Cosmico e, anche se possedeva un potere spirituale inesauribile, non aveva ego.

"Nandini, la mucca divina capace di soddisfare ogni desiderio, rappresenta la prosperità materiale (*ashtaiswaryas*), a indicare che una volta raggiunto l'ultimo stadio della realizzazione del Sé, l'intero mondo con tutte le sue ricchezze sarà al vostro servizio. Ma poiché a quel punto avrete trasceso ogni desiderio, userete questa abbondanza per aiutare e migliorare l'intera società.

"Una persona può possedere poteri miracolosi, ma se è ancora nella morsa dell'ego e del senso dell'io e del mio, tali poteri sono inutili perché la sua natura rimane immutata e quindi non è in grado di cambiare o trasformare nessuno. Una persona così non può condurre nessuno sul sentiero del Divino. Chi impiega male i suoi poteri agisce soltanto in modo distruttivo e nuoce alla società. Usando i propri poteri contro le leggi di natura spiana inevitabilmente la strada alla sua stessa rovina.

"In realtà, compiendo miracoli si interferisce con le leggi della natura. Un'anima realizzata è naturalmente libera di farlo perché è una cosa sola con il Potere cosmico, ma lo farà solo se è assolutamente necessario, e il più delle volte preferirà astenersene.

"Mentre erano nello stato supremo di meditazione, con la mente completamente in sintonia con l'Energia universale, i *rishi* (gli antichi saggi) videro i mantra, le vibrazioni di pura energia divina che sono i princìpi fondamentali dell'universo. Furono loro a rivelare le leggi per elevare la società e aiutare l'umanità.

"Con l'aiuto di legislatori esperti, il governo redige la Costituzione di un paese; tutti poi, compresi quelli che l'hanno composta, devono osservare le leggi e le norme create. Allo stesso modo, per dare l'esempio, i *rishi* si adattarono ai princìpi fondamentali svelati, senza trasgredirli o distruggerli.

"Le epopee induiste, quali il *Ramayana,* il *Mahabharata* e lo *Srimad Bhagavatam,* contengono molte storie di re, demoni, semidei e pseudo-maestri che, pur possedendo grandi poteri, nuocevano solo agli altri. Sebbene non fossero realizzati ma dominati dall'ego, avevano certi poteri di cui fecero un uso inappropriato e l'ego li travolse. Queste persone rappresentavano un flagello per l'umanità e alla fine si distrussero con le loro stesse mani. Una persona può possedere dunque poteri sovrannaturali senza necessariamente avere realizzato il Sé.

"La spiritualità non deve condurci ad alimentare l'ego; al contrario, essa libera dall'ego e mostra come trascenderlo. Compiendo alcune pratiche indicate dalle sacre Scritture, chiunque può sviluppare poteri occulti. La vera realizzazione spirituale è oltre tutto questo: si tratta di uno stato in cui ci si è affrancati dalla schiavitù del corpo, della mente e dell'intelletto. La Realizzazione è l'esperienza interiore della Verità suprema. Una volta che la meta finale è stata raggiunta, non si possono nutrire sentimenti negativi come l'ira, l'odio o il desiderio di vendetta. In quello stato si dimora nell'amore divino e nella pace, indipendentemente dalle circostanze esterne, e ovunque ci si trova si irradia quell'amore e quella pace verso tutti. Il vostro amore, la vostra compassione e la vostra serenità trasformeranno le persone. Un essere illuminato può trasformare un ignorante in saggio, i mortali in immortali e un uomo in Dio. È questo il vero miracolo che accade in presenza di una grande anima (*Mahatma*).

"Trascendere l'ego significa diventare un tutt'uno con l'universo. Ci si espande quanto l'universo e ci si tuffa profondamente nei suoi arcani, realizzando la Realtà ultima. Si diventa i Signori dell'universo.

"In presenza di un maestro realizzato i miracoli possono accadere spontaneamente, sono una espressione naturale del suo essere. Quando un'anima realizzata formula un *sankalpa*, ovvero prende una risoluzione, esso si realizzerà. Qualunque cosa egli pensi, accade inesorabilmente. Se lo desidera, può trasformare tutto ciò che vuole".

"Amma, hai detto che i *rishi* videro i mantra. Cosa intendi? Non li hanno creati loro?", le chiesero.

La Madre rispose: "No, i mantra sono sempre esistiti. Sono princìpi eterni, senza inizio e senza fine. Non sono stati creati né saranno mai distrutti. Ecco perché si dice che i *Veda* non abbiano né principio né fine. Nessuno li ha creati. I testi stampati non sono sempre esistiti, ma le vibrazioni divine, o mantra, che formano i *Veda* sono sempre esistite. I *rishi* ce le hanno solo rivelate. Quando si dice che essi 'videro' i *Veda*, significa che essi fecero l'esperienza dei *Veda* nel loro cuore e che tutto il loro essere divenne una cosa sola con il grado più alto dell'esistenza. Essi sperimentarono ciò che esisteva già. Non furono quindi loro a creare i Veda (*mantra kartha*)[13]; piuttosto, li videro o ne fecero l'esperienza (*mantra drishta*)[14].

"Quando gli astronauti atterrarono sulla luna, non scoprirono la luna, ma ci rivelarono ciò che c'era già. Essi videro e camminarono sulla luna e poi, attraverso immagini e parole, ci comunicarono la loro esperienza. Accade lo stesso con i mantra".

---

[13] *Mantra kartha*, ovvero creatore o autore di un mantra. La parola sanscrita "kartha" significa "creatore" o "autore". I *rishi* non sono *mantra kartha*.

[14] *Mantra drishta*, ovvero Colui che percepisce un mantra. La parola 'drishta' indica il 'veggente' o il 'percettore'. Deriva dalla radice 'drish' che significa 'vedere'. I mantra sono dunque sempre esistiti sui piani sottili e furono scoperti, o percepiti, dai *rishi*. I *rishi* sono quindi *mantra drishta*.

I *brahmachari* intonarono *Radhe Govinda Gopi Gopala* e Amma guidò il canto.

Radhe Govinda Gopi Gopala

Radha, signora delle mucche,
la mungitrice.
Pastorello,
Signore delle mucche,
il Pastorello.
Omaggi al figlio di Nanda.
Radha, signora delle mucche,
la mungitrice.
Pastorello,

Signore di Mira Bai,
Pastorello che suona il flauto
e ha sollevato la collina Govardhana,
giovane Gopala.
Radha, signora delle mucche,
la mungitrice.
Pastorello.

I miracoli sono utili?

"Amma, i miracoli sono di aiuto o rappresentano un ostacolo sul sentiero spirituale?"

La Madre rispose: "Nella gente comune, i miracoli possono contribuire a infondere la fede in un potere supremo. Tuttavia una fede basata sui miracoli si può perdere facilmente quando questi vengono a mancare. E se Dio o una grande anima, che essendo una cosa sola con Dio è onnipresente, onnipotente e onnisciente, decidesse di non concedere il miracolo che ci si aspetta? Potrebbe accadere, perché una tale anima non ha obblighi verso nessuno e non guadagna né perde nulla compiendo miracoli. Per Dio o per un grande santo è indifferente se la gente creda o non creda in Lui perché non ha bisogno della nostra fede o del nostro servizio. Siamo noi ad avere bisogno della Sua grazia, che possiamo però ottenere soltanto attraverso la fede.

"Un maestro perfetto non dipende in nessun modo da noi perché è già completo. Siamo noi ad avere bisogno della sua grazia per purificarci ed elevarci. La nostra fede non dovrebbe essere legata ai miracoli. 'Fede per amore della fede e amore per amore dell'amore': ecco l'approccio più corretto e più saggio.

"La nostra fede deve essere radicata sia nel cuore che nell'intelletto. Per un vero ricercatore, sono necessari sia la devozione che la conoscenza intellettuale, a meno che non si possieda lo stesso intenso amore, l'incrollabile fede e l'abbandono di sé che avevano le *gopi* di Vrindavan. Sebbene inizialmente l'amore di queste pastorelle somigliasse a un amore cieco, gradualmente si trasformò in *tattvatile bhakti* (devozione che si fonda sui princìpi della spiritualità), ovvero una *bhakti* radicata nello *jnana*.

"Nei confronti di Dio o di un maestro spirituale perfetto dovremmo provare sia amore che rispetto: un amore che scaturisce dal cuore e un rispetto che nasce dal comprendere la natura onnipresente, onnipotente e onnisciente del maestro. Solo allora potremo trarre il massimo beneficio stando in sua presenza. È il connubio amore-conoscenza che ci aiuta a sperimentare pienamente nella nostra vita la grazia di Dio o di un vero maestro. Tuttavia l'esperienza interiore della presenza piena di beatitudine di Dio non è possibile se la nostra attenzione è principalmente rivolta ai miracoli.

"Sebbene abbiano una loro funzione, non dobbiamo attribuirvi troppa importanza. La gente tende ad attaccarsi troppo a questi fenomeni e quando ciò accade si perde la prospettiva ed essi diventano l'unico interesse.

"Quelli che hanno un'infinità di desideri danno spesso un'importanza eccessiva ai miracoli. La loro fede è piuttosto superficiale. I troppi miracoli accresceranno soltanto i desideri della loro mente e i desideri produrranno dolore e sofferenza.

"La vera spiritualità consiste nel trascendere i desideri, andare oltre la mente e i suoi pensieri. Questo è l'aspirazione di un vero ricercatore. Un vero *sadhak* si sente soddisfatto solo giungendo a quello stato che va oltre la mente, e i miracoli non possono aiutarlo in questo. Essi sono comunque un ostacolo: una persona condizionata dai miracoli non riesce infatti a superare il piano mentale con le sue richieste di maggiori stimoli; inoltre questa condizione non è certo lo stato più alto.

"Nel cammino spirituale, procedendo nella *sadhana*, un aspirante può sviluppare il potere di fare prodigi. Un ricercatore poco sincero ne resterà intrappolato, ma un aspirante autentico, che desidera profondamente realizzare la Verità ultima, ignorerà e trascenderà questi fenomeni.

"La gente pensa che i miracoli consistano soltanto nel materializzare oggetti o guarire malattie. Naturalmente sono entrambi un tipo di miracoli, ma il più grande miracolo è produrre una trasformazione interiore. La gente non pensa che il vero miracolo sia l'aprire il cuore alla Verità suprema. Se le persone aprissero il loro cuore, sperimenterebbero il vero miracolo e si accorgerebbero che la grazia di Dio è sempre presente, che loro stesse sono il Divino, e che i miracoli accadono in ogni momento.

"Tutto nella natura è un miracolo meraviglioso. Un uccellino che vola nella vastità del cielo non è forse un miracolo? Un pesciolino che nuota nelle profondità dell'oceano non è un miracolo? Sfortunatamente la gente crede che solo un pesce che vola costituisca un miracolo!

"La vera spiritualità e la vera religione sono piuttosto lontane dal realizzare miracoli e il numero di miracoli compiuti non è il criterio che ci può indicare il livello di santità di una persona. La vera spiritualità va cercata nell'amore infinito e nella pace interiore che un maestro diffonde. La vera spiritualità si esprime sotto forma di amore puro e di perfetta equanimità; solo l'amore è in grado di produrre realmente una trasformazione. L'armonioso connubio tra amore disinteressato e pura conoscenza rimuoverà tutti i concetti errati sulla spiritualità".

In grembo alla Madre

Amma chiamò le persone ad una ad una ed esse si avvicinarono a lei. Arrivò un uomo e, non appena appoggiò il capo in grembo alla Madre, lei cominciò a cantare *Sri Krishna Sharanam Mama*.

Sri Krishna Sharanam Mama

Sri Krishna è il mio rifugio
Sri Hari è il mio rifugio.

Mi prostro a Sri Krishna,
la cui natura è Esistenza-Coscienza-Beatitudine,
la Causa che diede origine alla creazione,
al mantenimento e alla dissoluzione
dell'universo,
il Distruttore dei tre tipi di sofferenza.

Non conosco altra Realtà se non Sri Krishna,
che tiene il flauto nelle mani,
è bello come una fresca nuvola carica di pioggia,
indossa vesti gialle
e le cui labbra sono rosse
come il frutto dell'aruna bimba.

Il Suo volto è incantevole come la luna piena
e la forma dei Suoi occhi ricorda i petali del loto.

Sri Krishna, quanto è dolce il Tuo Nome!
Figlio di Nanda, quanto è dolce il Tuo Nome!
O luna di Vrindavan,
Sri Krishna è il nome a te caro.
Radha, Govinda, Sri Krishna sono nomi a te cari.
Tutti questi nomi sono a te cari.

Gloria a Radha Govinda!
Gloria a Radha Gopala!
Govinda, Govinda, Goparipal
(il Protettore delle mucche)!

Alcuni dicono che Tu sia figlio di Vasudeva,
altri ti indicano come il figlio di Nanda.

Sulle rive del fiume Yamuna
il piccolo Krishna
suona con estrema dolcezza il flauto.
Sri Krishna è un nome a te caro.
"Colui che ama danzare"
è un nome a te caro.
"Protettore dei saggi" è un nome a te caro.

A un tratto la Madre cadde in estasi e in quello stato continuò a cantare per almeno dieci minuti. Cominciò a ripetere il ritornello del canto: "Sri Krishna Sharanam Mama, Sri Hari Sharanam Mama..." Quando terminò, rimase profondamente assorta per altri dieci minuti. Quando infine aprì gli occhi, l'uomo che nel frattempo stava sempre ricevendo il suo darshan era ancora inginocchiato di fronte a lei, abbandonato sul suo grembo. Gentilmente la Madre gli batté la spalla, indicando così che poteva alzarsi. Egli non si mosse. La Madre batté di nuovo leggermente la sua spalla, ma non ci fu risposta. Allora lei esclamò: "Figlio, alzati." Ma non accadde nulla. La Madre gli sollevò il capo con un po' più di forza e lo chiamò ad alta voce: "Figlio!" Questa volta, l'uomo si alzò di soprassalto. Sembrava che fosse appena emerso da un altro mondo. Si strofinò gli occhi e si guardò intorno confuso. Tutti pensarono di aver capito cos'era successo, ovvero che si fosse addormentato in grembo alla Madre, e risero di cuore. Anche Amma scoppiò a ridere ma, un attimo dopo, quando vide un'espressione innocente ed indifesa sul volto dell'uomo, gli prese la mano, lo fece sedere a terra vicino a lei e con affetto gli fece di nuovo appoggiare la testa sul suo grembo. Quando le risate si acquietarono, l'uomo si alzò e la Madre riprese a dare il darshan ai presenti.

Mentre abbracciava la persona successiva, la Madre si voltò verso Amritatma e disse: "Era in estasi!"

Furono in pochi a sapere ciò che era veramente accaduto. Quando l'uomo era poggiato sul suo grembo, Amma aveva cominciato a cantare. Dopo qualche minuto egli sentì all'improvviso che il grembo della Madre stava crescendo e, man mano che si espandeva, aumentavano anche la profondità e l'intensità della sua beatitudine. Alla fine egli aveva l'impressione di nuotare, immerso in un oceano di beatitudine. Rimase in quello stato di unione finché la Madre lo fece riaffiorare.

Austria

Mettete gli altri prima di voi stessi

Dalla Svizzera, la Madre prese un treno per l'Austria, dove Christine Essen aveva organizzato due programmi: il primo si svolgeva a Graz, il secondo era un programma residenziale a St. Polten, una piccola città tra Vienna e Linz. L'Austria era l'ultima tappa del tour.

Mentre erano in treno, i *brahmachari* ebbero l'opportunità di stare un po' di tempo da soli con Amma. Durante il viaggio lei disse: "Le persone fanno delle domande sul perché debbano attraversare tante dure prove nella vita; perché, tra tutti, proprio loro debbano soffrire. Si chiedono: 'Perché io?' Sembra che non gli importi se la stessa cosa accade ad altri. 'Lasciamo pure che gli altri soffrano, l'importante è che non sia io a soffrire': questo è il loro atteggiamento. Dobbiamo cambiare un tale modo di pensare e desiderare sinceramente che nessuno al mondo debba soffrire. Invece di pensare: 'Perché io?', pensiamo piuttosto: 'Perché qualcuno dovrebbe soffrire?' Impariamo a mettere gli altri prima di noi stessi.

"A questo proposito Amma desidera raccontarvi questa storia: un ragazzino stava ammirando con meraviglia una bella villa appena costruita. Mentre era davanti alla casa un giovane uscì dal portone. Il fanciullo gli chiese: 'A chi appartiene questa magnifica casa?' 'È mia', rispose il ragazzo. 'Mio fratello è molto ricco e l'ha costruita per me'. A queste parole, il fanciullo esclamò: 'Oh, se solo...' e poi fece un profondo sospiro. Il giovane pensava che molto probabilmente il completamento naturale della frase sarebbe stato: 'se solo avesse avuto anche lui un fratello così...', ma quando il piccolo riprese a parlare fu sorpreso da ciò che udì: 'Oh, se solo fossi anch'io un fratello così!'

"Figli, questo è il tipo di atteggiamento che porta gioia nella nostra vita. Perché qualcuno dovrebbe soffrire a questo mondo? Se siete abbastanza generosi da porre gli altri prima di voi stessi, troverete la pace e la felicità. Ma perché questo sia possibile dovete abbandonare l'egoismo e imboccare la via dell'altruismo.

"In genere le persone hanno la tendenza a volere sempre di più, non sono mai contente di quello che hanno. Dobbiamo invece imparare a dare e a condividere, non dovremmo soltanto prendere.

"Condividiamo con gli altri ciò che abbiamo e contribuiamo in qualche modo al benessere della società. È donando che avanziamo sul sentiero spirituale. Se accumuleremo ricchezze, il nostro progresso spirituale si arresterà e lentamente le nostre vite inaridiranno. Il sangue che il cuore pompa, scorre e si distribuisce equamente in tutto il corpo. Cosa accadrebbe se la circolazione sanguigna si fermasse? Avremmo un collasso e moriremmo. Come il nostro corpo, così anche noi dobbiamo diffondere e condividere tutto ciò che abbiamo. Ammassare ricchezze personali potrebbe provocare un ristagno a livello sociale e ostacolare una crescita collettiva.

"È la generosa condivisione che conferisce bellezza e profumo al fiore della vita".

La vita della Madre è costellata di innumerevoli esempi che rivelano il suo amore altruistico e la sua compassione.

Inizialmente, la situazione finanziaria dell'ashram era molto difficile e a volte i residenti non avevano abbastanza cibo per sfamarsi. Ognuno di loro aveva soltanto un paio di indumenti e quando dovevano partecipare ai programmi di Amma fuori dall'ashram condividevano tra loro i pochi vestiti in buono stato. Per di più, la Madre teneva particolarmente che si offrisse del cibo a tutti quelli che giungevano all'ashram. Solo quando tutti gli ospiti erano stati serviti, i residenti potevano mangiare. L'impossibilità di prevedere quanta gente sarebbe arrivata nel corso della giornata e la scarsità di denaro disponibile facevano sì che spesso i residenti restassero a digiuno. Quando succedeva, Amma andava nelle case vicine ad elemosinare del cibo.

Un giorno una vicina si recò dalla Madre e le disse che aveva organizzato il matrimonio della figlia. Essendo però molto povera, chiese ad Amma di aiutarla. Sebbene l'ashram fosse in difficoltà economiche, la Madre le disse che l'avrebbe aiutata. Chiamò un *brahmachari* e gli chiese di andare nella sua stanza a prendere una scatola. Quando l'aprì, Amma tolse la collana d'oro nuova che qualcuno le aveva donato da poco.

Brahmachari Ramakrishnan (Swami Ramakrishnananda), che era seduto vicino alla Madre, si chiedeva nel frattempo cosa avrebbe fatto ora Amma. Senza la minima esitazione, la Madre consegnò la collana a quella povera donna. Ramakrishnan ne fu profondamente turbato perché anche coloro che vivevano nell'ashram erano molto poveri. In quel periodo lui lavorava in banca e conosceva bene il valore della collana.

Quando la donna uscì, Ramakrishnan era così inquieto che non riuscì a controllarsi e sbottò dicendo: "Amma, come hai potuto fare una cosa simile! Sai quanto vale quella collana? Avrei potuto portarla in banca e vendertela in cambio di una bella somma. Non avresti dovuto farlo!"

La Madre rispose: "Ah, davvero? Perché non me l'hai detto prima? Vai subito a chiamare quella donna!"

Ramakrishnan era molto contento di questa risposta e si sentiva fiero di essere riuscito a riparare a un errore di Amma. Raggiunse di corsa la donna e la riportò dalla Madre. La donna aveva un'aria confusa. Amma indicò Ramakrishnan e le disse: "Questo *brahmachari* dice che la collana che Amma ti ha dato è molto costosa".

Ramakrishnan era talmente impaziente che stava sul punto di intervenire e dire alla donna di restituirla, quando la Madre si voltò verso di lui e gli disse di fare silenzio. Poi Amma continuò: "Dato che la collana è così preziosa, qualunque cosa tu ne faccia, non impegnarla o non venderla per meno del suo valore reale. Assicurati di averne ricavato un buon prezzo".

A questo punto Ramakrishnan provò molta vergogna di se stesso, per non avere capito quanto grande fosse la compassione della Madre.

Mentre il treno correva sui binari, si udiva il suo "ciuf ciuf ciuf". Dal finestrino si poteva vedere il sole che stava iniziando a tramontare. La Madre chiese ai *brahmachari* di cantare i *bhajan* della sera. Era molto attenta che osservassero le loro pratiche spirituali quotidiane ovunque si trovassero. Più volte aveva ribadito che un *sadhak* non deve essere schiavo delle circostanze, ma padrone di ogni situazione.

Brahmachari Srikumar estrasse l'armonium dalla custodia e cominciò a suonare. I *brahmachari* cantarono molti *bhajan*, fra cui *Orunalil Varumo*.

Orunalil Varumo

O Madre di celeste beatitudine,
non verrai un giorno nel tempio del mio cuore
con la Tua lampada perennemente accesa?
Affinché questo accada
questo supplicante sta vagando.

O Devi,
non mi concederai la Tua benedizione?
Con cuore ardente
ho cercato in ogni dove la Madre Divina.
O Madre, accordami la Tua grazia;
accarezzami con le Tue tenere mani.

O Madre, donami rifugio;
sto per crollare esausto.
Se è vero che Tu dimori in me
quando giungerà il giorno in cui lo realizzerò?

Durante i *bhajan*, la Madre si univa talvolta al canto, ma per la maggior parte del tempo rimase in silenzio, guardando fuori dal finestrino.

Ci fu una sera a Vienna in cui non c'era nessun programma. La Madre uscì per una passeggiata assieme al gruppo che viaggiava con lei. Camminarono lungo una strada di campagna per circa mezz'ora, finché lei si sedette nei pressi di un grazioso boschetto, con il viso rivolto al sole che stava calando. La temperatura era solo di sette gradi. Le poche persone che passavano di lì erano coperte di molti strati di abiti caldi. La Madre indossava solo un sari bianco. Qualcuno la coprì con uno scialle di lana. I *brahmachari* non indossavano che un *dhoti* e una maglietta di cotone, e stavano gelando. Vedendoli stringersi gli uni agli altri, scossi da brividi di freddo, la Madre si tolse lo scialle e con amore lo avvolse attorno a loro. In tal modo, però, ora lei non aveva più nulla per scaldarsi e quindi rifiutarono cortesemente, dicendo: "No, Amma, tienilo tu". Ma la Madre non lo riprese. "Non c'è problema!", rispose, insistendo che lo usassero loro. Lo scialle che tanto amorevolmente la Madre desiderava che indossassero divenne per loro così prezioso che tutti ne vollero essere coperti, cosicché si strinsero ancora di più gli uni agli altri.

Brahma shakti

Mentre era seduto avvolto nello scialle, *brahmachari* Ramakrishnan fece questa domanda alla Madre:

"Amma, si dice che il *sankalpa* divino del *Paramatman* (il Sé supremo) sia ovunque. Cosa significa? Potresti spiegarmelo, per favore?"

La Madre rispose: "Il *sankalpa* del *Paramatman*, o *Brahma shakti* (il potere di *Brahman*), è il sostrato di ogni cosa nel cosmo. Guarda questo universo meraviglioso e il modo armonioso in cui il nostro pianeta e tutti gli altri operano. Se non ci fosse una intelligenza cosmica, un potere universale che governa ogni cosa, come potrebbero esistere un ordine e una bellezza così perfetti? Possiamo affermare che essi sono frutto del caso? No, poiché nulla è casuale. Ogni qualvolta ci troviamo di fronte a qualcosa che l'intelletto umano non riesce a spiegare, lo rifiutiamo e diciamo che è casuale. Questo è il linguaggio della ragione, dell'intelletto. Una persona che agisce dando la priorità al cuore non considera nulla come puro caso e chiama ciò che non comprende potere di Dio, *lila* (gioco) di Dio o *sankalpa*.

"Con questo, Amma non sta negando il valore della scienza e dei suoi contributi. La scienza ha un particolare *dharma* (dovere) da compiere: che lo svolga pure, ma ricordiamoci che, in quanto esseri umani che si sforzano di vivere la propria vita in sintonia con Dio, siamo tenuti a seguire un nostro *dharma*. Di conseguenza, viviamo la vita prestando ascolto alla voce interiore della nostra coscienza.

"L'ego o l'intelletto non possono comprendere né avere la percezione del grandioso *sankalpa*, del potere che sostiene l'universo. La scienza è alla ricerca di questa intelligenza cosmica, ma fino a quando non si giungerà a un equilibrio tra scienza e spiritualità, gli scienziati non scopriranno il Principio da cui ha origine la vita e che è al di là dell'intelletto. Se si vuole capire ciò che sta dietro il mondo esterno si deve esplorare il mondo interiore, a cui normalmente non si dà importanza.

"La bella melodia che il flauto diffonde non è nello strumento e neppure nelle dita del musicista. Potremmo dire che scaturisce dal cuore del compositore, ma anche se aprissimo e ispezionassimo il suo cuore non la troveremmo. Dov'è allora la sorgente di quella musica? La sorgente si trova su un altro piano, nasce da *Brahma shakti*, dal *Paramatman*, ma l'ego non è in grado di riconoscere questo potere. Solamente se impariamo a lasciarci guidare dal cuore potremo veramente vedere e percepire il potere divino nella nostra vita.

"Il *sankalpa* di Dio è dietro ogni cosa, dietro lo sbocciare di un fiore, il cinguettio di un uccello, il soffio del vento e le fiamme del fuoco. È il potere grazie al quale tutto cresce; è il potere che sostiene ogni cosa. Questo *sankalpa* divino è la causa della nascita, della crescita e della morte di tutti gli esseri viventi. È la causa di tutto il creato. È la *shakti* del *Paramatman* a sostenere il mondo; senza di essa il mondo cesserebbe di esistere".

La Madre si rivolse ad Amritatma e gli chiese di cantare *Kodanukodi*.

Kodanukodi

O Verità Eterna,
l'umanità ti cerca
da milioni di anni.

Rinunciando a tutto,
gli antichi saggi intrapresero austerità
per innumerevoli anni
al fine di poter unire con la meditazione
il Sé al Tuo flusso divino.

La Tua minuscola fiammella,
inaccessibile a tutti,
che brilla come un sole splendente, rimane ferma
e non vacilla neanche nell'occhio del più terribile ciclone.

Era dopo era,
fiori, piante,
santuari e i templi dai pilastri appena consacrati,
tutti aspettano Te,
ma Tu rimani irraggiungibile.

Dopo il canto la Madre proseguì il suo discorso:

"Conoscete la storia che narra dell'apparizione di *Brahman* ai *deva* (esseri celesti)? *Brahma shakti* (la potenza della Realtà Suprema) combatté e vinse per conto dei *deva*, ma essi se ne attribuirono tutto il merito e scelsero di credere che tale vittoria era unicamente dovuta al loro valore. Inebriati dall'ego, scordarono completamente *Brahman*, ed esultanti celebrarono in modo grandioso questa vittoria. Quando lo seppe, *Brahman* apparve davanti a loro nella forma di uno *yaksha*, uno spirito degno di venerazione. Soggiogati dall'ego, i *deva* non riuscirono a riconoscere Colui che era stato il vero artefice, la potenza che aveva riportato la vittoria che stavano festeggiando. Nel vedere lo *yaksha*, Indra, capo dei *deva*, chiese ad Agni, il dio del fuoco[15] di andare e scoprire chi fosse. Quando il dio del fuoco gli si avvicinò, lo *yaksha* gli chiese di presentarsi e dire quali fossero i suoi poteri.

'Io sono la divinità che presiede al fuoco. Non c'è nulla al mondo che io non possa bruciare', rispose con grande orgoglio Agni.

"*Brahman*, nella forma dello *yaksha*, gli mise un filo di paglia davanti e gli chiese di bruciarlo.

"Agni impiegò tutta la sua forza, ma per quanto si sforzasse non riuscì neppure a bruciacchiarlo un poco e così si arrese e ritornò da Indra dicendo che non aveva capito chi fosse lo *yaksha*. Non parlò assolutamente del suo insuccesso, poiché il suo ego non poteva accettare di essere sconfitto.

"È proprio dell'ego esaltare i successi e non ammettere i fallimenti. La natura umana è così. Le persone dichiarano: 'Ho conseguito questo e quello', ma raramente dicono: 'Sono stato sconfitto', oppure: 'Ho fallito in questo o in quell'aspetto della mia vita'. La mancanza di umiltà le fa cadere nella morsa dell'ego;

---

[15]   Gli induisti considerano le forze della natura come divinità e quindi le venerano in quanto forme del Supremo.

intossicate dal potere e dalla ricchezza, sono incapaci di vedere il Potere universale, il *sankalpa* di Dio, nelle vittorie, e anche nei fallimenti quotidiani. Se ogni cosa è impregnata del *sankalpa* di Dio, allora anche i nostri insuccessi sono un Suo *sankalpa*. Eppure la gente non riesce a rendersi conto di questo e pensa che i propri successi siano dovuti al potere e al valore personale. Per contro, quando subisce uno smacco, non ammette alcuna responsabilità e attribuisce la colpa di ciò che è successo agli altri o alle circostanze.

"Quando *Brahman* apparve, il dio del fuoco non seppe riconoscerlo. Questo esempio illustra molto bene come agisce l'ego: orgoglioso del suo potere e della sua intelligenza illusori, non tiene in nessun conto la Potenza che sostiene l'universo. Perfino quando il Potere supremo compare davanti a noi in qualche forma, non siamo in grado di riconoscerlo. Come avrebbe potuto Agni riuscire a bruciare quel filo di paglia senza la *shakti* del *Paramatman*, la *shakti* suprema, l'energia che alimenta il fuoco? Questo fu il motivo per cui il dio del fuoco fu reso impotente e fallì.

"Allora Indra ordinò a Vayu, il dio del vento, di andare dallo *yaksha*. Quando Vayu gli fu di fronte, si presentò, vantandosi che non c'era nulla sulla terra che non potesse spazzare via. Lo spirito depose il filo di paglia davanti a Vayu e disse: 'Poiché affermi di essere così potente, soffialo via! Impiegando tutta la sua forza Vayu soffiò e sbuffò contro la pagliuzza, che però non si mosse.

"All'ego piace magnificare la propria importanza, ma come può operare se non è alimentato dalla forza della vita? Agni (fuoco) e Vayu (aria) non sono che puntini minuscoli, capocchie di spillo dell'Energia universale. Se questa Energia viene ritratta, perdono ogni potere. In altre parole, è l'Energia cosmica che agisce attraverso il fuoco e l'aria: senza di essa non esisterebbero.

"Anche Vayu si rifiutò di ammettere la sconfitta e disse a Indra di non essere riuscito a sapere chi fosse lo *yaksha*.

"Gli uomini pensano che gli organi di senso (*deva*) siano molto importanti e li tengono in grande considerazione, ma quando si trovano disarmati o sconfitti ricorrono alla mente o all'intelletto, che sono più nobili e sottili dei sensi.

"Tutti i *deva* si recarono così da Indra[16] e gli chiesero di scoprire chi fosse quello spirito. Ma quando Indra, che ora era un po' più umile, si avvicinò allo *yaksha*, questi svanì e al suo posto apparve la Dea Uma, in tutta la Sua grandezza e il Suo splendore. 'Chi era quello spirito nobile (*yaksha*)?' chiese il capo degli dèi.

"Uma, la Madre dell'universo, rispose: 'Indra, Quello era *Brahma shakti*, che vinse per voi. Ciò che consideravate un vostro successo, era in realtà la *Sua* vittoria. È stato solo grazie a Lui che avete acquisito la gloria'.

"Pertanto, qualunque cosa otteniate nella vita non è una vostra vittoria bensì una vittoria di *Brahman*. Il *sankalpa* del *Paramatman* è dietro a ciascuno dei vostri successi e dei vostri fallimenti. Imparate a riconoscerlo, poiché è in questa comprensione che sta il vero successo nella vita.

"Se cercate di comprendere l'Energia cosmica, la Consapevolezza suprema con la mente, i sensi e l'intelletto, sarete sempre sconfitti, anche se rifiuterete di ammetterlo, perché l'*Atman* e il *Brahman* sono oltre l'intelletto. *Brahman* è più sottile dei sensi, della mente, dell'intelletto, è più sottile di ciò che è più sottile. In questo stato di completa incapacità di capire nascerà il forte impulso a cercare di conoscere questo grandioso potere. In quella condizione di fragilità, vi arrenderete infine e questa resa porterà la mente ad abbandonarsi. È questo abbandono che avvicina a voi il vostro 'Amato', il Maestro. Il Maestro vi aiuterà e vi guiderà fino alla vera sorgente dell'esistenza. In realtà, il maestro stesso è *Brahma shakti*. La forma rimane finché siete identificati con il

---

[16]   Indra rappresenta la mente e l'intelletto e governa gli organi di senso. La parola 'Indra' deriva da 'indriya', che significa 'i sensi'.

corpo e con la mente. Quando li avrete trascesi, farete l'esperienza dell'aspetto infinito e senza forma del Maestro.

"I *Veda* affermano che l'universo è stato emanato dal respiro del *Paramatman*. Quindi, il Principio supremo della vita, l'Energia vitale, opera in tutto il creato. Quando questo Principio si ritrae, tutto si ferma. Il vero scopo della vita è riconoscere il Principio divino (*sankalpa*) in tutti i nostri pensieri, in tutte le nostre azioni e in ogni aspetto dell'esistenza".

La Madre si rivolse a *brahmachari* Srikumar e disse: "Prendi l'armonium". L'armonium era nella casa in cui alloggiavano. Presagendo che Amma avrebbe potuto chiederlo, Srikumar aveva portato con sé una tastiera portatile. La mostrò alla Madre, che la approvò e, accompagnata da Srikumar, intonò il *bhajan Sokamitentinu Sandhye*.

Sokamitentinu Sandhye

O crepuscolo, perché sei così triste?
Stai vagando anche tu
nei lidi dei ricordi?
O crepuscolo ammantato di rosso,
arde in te la fiamma del fuoco del dolore?

O crepuscolo, anche tua madre è come la mia?
Hai visto mia Madre?
Come la luna piena,
Lei irradia una bellezza e una purezza ristoratrice.

O crepuscolo, se dovessi vederLa,
Ti prego di portaLe il messaggio
di questo figlio indifeso,
che non riesce a parlare:
"Sono oppresso dall'enorme peso
del dolore per la separazione".

O crepuscolo, Ti prego,
offri questi petali ai Suoi piedi
e porta con te le mie parole.
Quando ritornerai, ti narrerò
le dolci storie di una mia primavera lontana.

La Madre cantò altre due canzoni. Mentre tutti rabbrividivano dal freddo, lei sembrava esserne immune. Era come se l'aria fredda avesse timore di avvicinarsi a lei. Poco dopo la Madre si alzò e tutti ripresero la strada del ritorno.

È capitato spesso che, anche quando fa molto caldo, la Madre chieda un cardigan, dei calzini di lana o anche una stufetta elettrica. Sembra però che il freddo non le dia mai noia. Non si può capire Amma, il suo comportamento è spesso incomprensibile, e perfino il suo corpo è soggetto a leggi completamente diverse da quelle di una persona comune.

Il primo tour mondiale della Madre si avvicinava alla fine. Con il tocco dei suoi sacri piedi aveva benedetto il suolo di molti Paesi, e chissà quanto questo avrebbe influito sulle loro sorti negli anni a venire. La Madre opera su diversi piani, la maggior parte dei quali è talmente sottile che non riusciamo neppure ad averne una vaga percezione. Vediamo soltanto la punta dell'iceberg della sua opera su questo pianeta.

Il tour mondiale del 1987 era l'inizio della conquista spirituale di questa grande Conquistatrice di cuori. Nel corso degli anni la Madre sarebbe tornata spesso in Occidente, conducendo innumerevoli persone sul sentiero spirituale e radunando sotto la sua ala di grazia quelli che già si trovavano sul cammino.

In ciascun luogo la Madre aveva trascorso solo pochi giorni ed era passata come un dolce vortice di Amore supremo, lasciando sulla sua scia moltissimi cuori in cui si era risvegliato un nuovo e curioso anelito per la vita spirituale, un desiderio di conoscere

Dio, che non poteva essere estinto. Chi aveva avuto l'occasione di incontrare la Madre non poteva più dimenticarla, e quei cuori che erano stati catturati nella sua rete divina avevano scoperto di stare cambiando, che i lati spigolosi si stavano smussando e che, come conseguenza dell'amore infinito che la Madre gli aveva donato, anche loro cominciavano a provare per gli altri una compassione mai conosciuta prima.

La Madre aveva trasformato il dolore di moltissime persone in gioia, la disperazione in speranza, la malattia in salute, la paura in pace, l'assenza di significato in rinnovata fede, e l'indifferenza in amore e compassione. I cuori delle persone erano stati toccati dalla sua Grazia.

Maldive

Sulla via del ritorno in India, la Madre e il gruppo che viaggiava con lei fecero una sosta alle Maldive. Salirono su un piccolo battello a motore che si trovava non lontano dall'aeroporto e furono condotti in una delle isole dove avrebbero pernottato.

Su questa isola il gruppo trascorse una giornata molto speciale ed ebbe l'opportunità di restare solo con la Madre. Amma passò la maggior parte della giornata all'aperto. Tutti sedettero insieme sulla spiaggia, meditando e cantando *bhajan*. Nealu indossò una maschera da subacqueo e si tuffò in mare. Quando riemerse, raccontò infervorato alla Madre di avere visto una infinità di pesci multicolori. Amma si alzò ed esclamò: "A questo vecchio signore piace far sorridere Amma e renderla felice, e inventa moltissimi metodi per riuscirci". Guardò nell'acqua trasparente e, vedendo molti pesci, cominciò a gridare e a saltare su e giù, entusiasta come una bimba. Improvvisamente Amma si fermò, e con l'insistenza di una bambina chiese che le dessero del cibo per i pesci. Casualmente Nealu aveva delle noccioline e uno snack indiano, e li consegnò alla Madre, che estaticamente nutrì i pesci. Mentre fissava quelle creature dai vivaci colori, entrò in uno stato di rapimento; si sedette sul bordo dell'acqua e scivolò in *samadhi*. Tutti le si sedettero vicino. Quando infine emerse da quello stato, dolcemente cantò l'inno sanscrito *Vidamsam Vibhum*.

Vidamsam Vibhum

Ancora e ancora, rendo omaggio al Parabrahman, alla Realtà Assoluta, all'Uno senza secondo, che permea ogni cosa nell'universo, che è assoluta Purezza e Benevolenza, sebbene sia al tempo stesso al di là di tutti gli attributi. Esso è il Non-Manifesto, il quarto e il più elevato stato di coscienza.

Cominciò a piovigginare. La Madre non si mosse e rimase seduta in riva al mare.

Il risveglio del bambino interiore

Brahmachari Nealu colse l'occasione per porre alla Madre una domanda. "Un essere realizzato ha il dovere di condurre gli altri alla meta? È tenuto a farlo?"

La Madre rispose: "Gli obblighi esistono solo sul piano mentale e fisico. Quando trascendi la mente e realizzi che non sei un'entità isolata, non sei solo una parte, ma il tutto – l'Energia cosmica stessa – allora non c'è nessuno che si possa sentire obbligato. Un *Satguru*, che è tutt'uno con l'esistenza, non deve nulla a nessuno, non ha obblighi di sorta. La sua vita è perfetta e completa così com'è. Semplicemente egli esiste come una grande Presenza divina. Lo spazio infinito deve qualcosa a qualcuno? Il sole, il vento o gli oceani devono qualcosa a qualcuno? Semplicemente esistono, e noi traiamo beneficio dalla loro esistenza.

Di cosa hanno bisogno da noi i grandi maestri? Siamo noi che dobbiamo loro tutto.

"Non abbiamo nulla da offrire a coloro che sono disposti a sacrificare la propria vita per il bene del mondo. È solo per mezzo della loro grazia che possiamo ricevere il dono unico della realizzazione di Dio. Non è forse questo un regalo inestimabile, molto più di quello che si potrebbe mai chiedere? Noi possiamo solo inchinarci con grande umiltà, ed essere loro immensamente grati di essere scesi fino a noi per aiutarci a innalzarci verso il piano della beatitudine suprema, in cui dimorano eternamente.

"Guidare un discepolo verso il fine più alto della realizzazione di Dio è come dare la luce a un bambino e allevarlo con cura; questa è la sola descrizione possibile. Essere in presenza di un *Satguru* è come rinascere, è pari a una seconda nascita.

"Fino ad oggi non siete cresciuti che esteriormente, solo il corpo e l'intelletto si sono sviluppati. Ma alla presenza di un *Satguru* si verifica uno sviluppo interiore e voi crescete facendo esperienza dell'anima (*Atman*). Forse siete cresciuti esternamente, ma internamente, il maestro vi insegna a ritornare allo stato di bambino, allo stato di innocenza infantile. Il solo scopo del maestro è risvegliare il bambino che dorme in voi.

"Quando una madre allatta il figlio e lo alimenta con cibi nutrienti, quando lo accudisce con tutto l'amore e il calore necessari, crea le condizioni indispensabili che gli permetteranno di crescere e di svilupparsi adeguatamente. Proprio come una madre crea le condizioni più favorevoli per un sano sviluppo del bimbo, così un vero maestro crea un'atmosfera favorevole al risveglio e allo sviluppo dell'innocenza innata del discepolo. La presenza del *Satguru,* il suo sguardo e il suo tocco, sono il cibo necessario perché l'assopito bambino interiore si svegli e si sviluppi.

"Pensate all'immensa quantità di amore e alle cure che vostra madre ha riversato su di voi, la pazienza che ha avuto nell'aiutarvi a crescere e a diventare un giovane uomo o donna. La maggior parte di noi deve molto alla madre per il proprio sviluppo mentale e fisico. Lei si è presa cura di noi senza aspettarsi nulla in cambio, mossa semplicemente dall'infinito amore materno.

"Se riuscirete a visualizzare una madre che nutre e alleva i figli con altruismo, avrete un'idea di come un maestro spirituale faccia crescere i discepoli, di come li aiuti a uscire dal loro ego e ad espandersi quanto l'universo. Il paragone con la madre che alleva il figlio è solo un esempio per aiutarvi a capire il grande compito del maestro di trasformare il discepolo e renderlo un puro ricettacolo del Potere supremo. Per farlo, occorre che un vero maestro sia paziente quanto la terra. Si potrebbe dire che, nell'operare questo miracolo, il maestro è più amorevole e compassionevole di Dio stesso. Con ciò, Amma vuole dirci che ignoriamo tutto di Dio, eccetto i concetti estremamente vaghi che abbiamo ricevuto attraverso i racconti sacri e le Scritture. È solo grazie all'immensa compassione di un *Satguru* che possiamo fare l'esperienza di Dio in modo tangibile. È alla presenza del *Satguru* che ci accorgiamo che Dio esiste davvero.

"Quando il discepolo avvicina il maestro, è immaturo, arrugginito e grezzo. Il maestro, l'alchimista divino infinitamente amorevole, trasforma il discepolo in 'oro' puro. Il maestro non è obbligato a farlo: può optare se dissolversi silenziosamente e semplicemente nel Tutto o scegliere invece di diventare un'offerta al mondo, sacrificandosi interamente, mosso dalla pura compassione per chi brancola nel buio".

Brahmacharini Gayatri stava cercando di riparare la Madre con un ombrello, ma lei rifiutò. "No", disse, "finché i figli di Amma saranno sotto la pioggia, lei non vorrà l'ombrello". Ma presto cominciò a piovere così forte che la Madre e gli altri tornarono nelle loro stanze.

Un meraviglioso gioco cosmico

Quella notte, quando la pioggia cessò, la Madre e tutto il gruppo camminarono fino all'estremità del molo e sedettero sotto un gazebo di paglia. Amma cantò molti inni e il gruppo l'accompagnò nel modo tradizionale.

La luna piena illuminava la terra e il mare. Le onde echeggiavano ripetendo eternamente "Om". La voce pura della Madre e il potere e la bellezza della sua presenza elevavano gli animi dei suoi figli, conferendo all'atmosfera una luce spirituale straordinaria. Amma cantò *Samsara Dukha Samanam*.

Samsara Dukha Samanam

Madre del mondo
che dissolvi le sofferenze della trasmigrazione,
la protezione della Tua mano benedetta
è il nostro solo rifugio.

Tu sei il rifugio delle anime smarrite e cieche;
ricordare i Tuoi Piedi di loto
ci protegge dal pericolo.

Per chi vive nell'illusione,
immerso in tenebre impenetrabili,
meditare sul Tuo nome e sulla Tua forma
è la sola salvezza dalla sua condizione infelice.

Lascia che i Tuoi occhi meravigliosi e radiosi
posino il loro sguardo sulla mia mente;
Madre, la Tua Grazia è il solo modo
per giungere ai Tuoi Piedi di loto.

Il giorno seguente essi presero un piccolo battello a motore per ritornare all'isola principale. Era una giornata ventosa. Mentre l'imbarcazione navigava in mare aperto, improvvisamente scoppiò un temporale e il mare si fece molto mosso. La piccola imbarcazione era sballottata dalle onde come fosse un giocattolo. A volte i cavalloni erano così giganteschi che sembravano voler travolgere la barca. I *brahmachari*, Gayatri, Saumya e gli altri erano terrorizzati e stavano rannicchiati nella barca, tremando di paura. Molte onde furono sul punto di abbattersi sull'imbarcazione. Tutti erano certi che il piccolo vascello si sarebbe riempito d'acqua e che sarebbero affondati. All'improvviso, fra il rumore del vento e il fragore delle onde, essi sentirono qualcuno ridere. Con un'occhiata si accorsero che si trattava della Madre. Amma si stava divertendo un mondo, non smetteva di ridere e il suo volto aveva l'espressione di una bambina divertita. In quel momento tutti capirono che Amma è assolutamente senza paura, e che per lei ogni situazione della vita fa solo parte di un meraviglioso gioco cosmico.

Nell'udire la sua risata piena di beatitudine, tutti si calmarono e non ebbero più nessun timore. Come si può provare paura quando la Madre dell'universo in persona è seduta accanto a te, mentre attraversi l'oceano della vita?

Glossario

Advaita Vedanta: scuola filosofica che afferma che la non-dualità è la Verità suprema, e che tutto ciò che esiste è quell'unica Verità in molte forme.

Anugraha: grazia divina, benedizione.

Arati: rito vespertino in cui viene fatta ondeggiare davanti a una forma del Divino una fiamma di canfora ardente al suono di una campanella, a simboleggiare l'offerta completa dell'ego a Dio. Come la canfora, anche l'ego brucia senza lasciare traccia.

Arjuna: cugino e grande amico del Signore Krishna, al quale il Signore espose la *Bhagavad Gita*.

Ashtaiswaryas: gli otto tesori.

Atma-jnana: la conoscenza del Sé.

Atman: il vero Sé. Noi siamo l'eterno, il puro e l'immacolato Sé.

Avatar: un'incarnazione di Dio.

Bhagavad Gita: "Il Canto del Signore", un colloquio tra il Signore Krishna e il Suo devoto Arjuna, che avvenne all'inizio della guerra del Mahabharata, circa 5.000 anni fa.

Bhajan: canto devozionale.

Brahmachari: studente celibe.

Brahmacharini: studentessa nubile.

Brahman: la Realtà assoluta.

Brahma shakti: il Potere della Realtà assoluta.

Darshan: essere alla presenza di una divinità o di un santo.

Deva: un dio o un essere di luce.

Devi Bhava: stato interiore di Amma come Madre Divina.

Devi Mahatmyam: antico testo che canta le lodi della Madre Divina.

Dharma: rettitudine, ciò che è in accordo con l'armonia divina.

Durga Suktam: parte dei *Veda* che inneggia alla Madre divina Durga.

Ganesha: dio con il volto di elefante, Colui che rimuove gli ostacoli, figlio del Signore Shiva.

Grihasthashrami: chi conduce una vita coniugale praticando al tempo stesso la sua *sadhana.*

Guru: insegnante o maestro spirituale.

Gurukula: la casa del guru, in cui gli studenti ricevono una conoscenza spirituale e accademica attraverso lo studio e il servizio al maestro.

Japa: ripetizione costante di un mantra.

Jivanmukti: la liberazione dal ciclo del *samsara* mentre si è ancora in vita.

Jivatman: anima individuale.

Jnana yoga: il sentiero della Conoscenza.

Jnani: conoscitore della Realtà, anima realizzata.

Karma Kanda: la sezione dei *Veda* che descrive i diversi doveri da compiere nella vita.

Karma yoga: il sentiero dell'azione.

Katha: storia.

Kaurava: cugini del Signore Krishna che combatterono nella guerra del Mahabharata contro i Pandava.

Krishna: incarnazione del Signore Vishnu.

Lila: gioco divino, rappresentazione, apparenza.

Mahabharata: epopea dell'antica India composta dal saggio Vyasa, che narra il conflitto familiare tra i Pandava e i Kaurava, entrambi cugini di Krishna, che culminò in una guerra sanguinosa.

Mahatma: grande anima o saggio.

Mantra shakti: il potere di un mantra di produrre un particolare risultato.

Maya: illusione.

Moksha: liberazione dal ciclo di nascita e morte.

Mudra: gesto sacro della mano.

Ojas: energia spirituale generata dalle pratiche spirituali e dall'astinenza sessuale.

Pada puja: rito devozionale di abluzione o venerazione dei piedi di Dio o di un santo.

Pandava: cugini del Signore Krishna che combatterono nella guerra del Mahabharata contro i Kaurava.

Paramatman: l'Essere Supremo, Dio.

Prasad: offerte consacrate distribuite alla fine del culto.

Purnam: pieno o perfetto.

Rajasuya yagna: sacrificio vedico eseguito dai re.

Rama: incarnazione del Signore Vishnu.

Ramayana: epopea che narra le gesta del Signore Rama, scritta dal saggio Valmiki.

Ravana: capo dei demoni nell'epopea Ramayana.

Rishi: antichi veggenti ai quali fu rivelata la Conoscenza divina, che essi trasmisero ai loro discepoli.

Sadhak: aspirante spirituale.

Sadhana: pratica spirituale.

Samadhi: assorbimento della mente nella Realtà o Verità.

Samsara: il ciclo illusorio di nascita, morte e rinascita.

Sankalpa: risoluzione, intenzione creativa.

Sannyasin: monaco che ha preso i formali voti di rinuncia.

Sari: abito comunemente indossato dalle donne indiane.

Sat-cit-ananda: la Realtà Suprema come Esistenza, Coscienza e Beatitudine assolute.

Satguru: maestro che ha realizzato il Sé.

Shraddha: attenzione, vigilanza, fede.

Siddhi: poteri psichici.

Sita: la sposa del Signore Rama.

Sloka: versi.

Sri Rama: un'incarnazione del Signore Vishnu.

Tantra: scuola filosofica che insegna che tutto il creato è la manifestazione della Realtà Suprema.

Tapas: austerità, pratiche ascetiche intraprese per purificare se stessi.

Tattvatile bhakti: devozione basata sulla conoscenza e sui princìpi spirituali.

Upanishad: parte conclusiva dei *Veda* che contiene gli insegnamenti sulla scienza della conoscenza del Sé.

Vasana: impressioni di oggetti e azioni svolte in passato; abitudini.

Vedanta: l'ultima parte dei *Veda*. Le *Upanishad* espongono il sentiero della Conoscenza.

Veda: le autorevoli Scritture degli Induisti. Il significato letterale di *Veda* è "conoscenza".

Vina: liuto dell'antica India.

Videha mukti: la liberazione ottenuta dopo la morte fisica.

Yaga o yagna: sacrificio vedico, rituale.

Yaksha: essere potente che esiste nei piani sottili dell'universo.

Yoga danda: sostegno a cui uno yogi può appoggiarsi durante meditazioni prolungate.

Yoga sutra: opera filosofica del saggio Patanjali composta da aforismi che descrivono il sentiero del *raja yoga* o il sentiero degli "otto gradini" *(ashtanga yoga)*.

Yogi: chi si dedica a svolgere pratiche spirituali per raggiungere l'unità con la Sorgente Divina o Dio.

Yuga: epoca o era.